A EXPERIÊNCIA
ENCANTADORA DE
VENDAS

CARO(A) LEITOR(A),
Queremos saber sua opinião sobre nossos livros. Após a leitura, siga-nos no **linkedin.com/company/editora-gente**, no TikTok **@editoragente** e no Instagram **@editoragente**, e visite-nos no site **www.editoragente.com.br**.
Cadastre-se e contribua com sugestões, críticas ou elogios.

BEN-GEDER TRINDADE

PREFÁCIO DE CAITO MAIA

A EXPERIÊNCIA ENCANTADORA DE VENDAS

COMO CONQUISTAR CLIENTES, SER UM CAMPEÃO DE VENDAS E LUCRAR MUITO

Gente
AUTORIDADE

Diretora
Rosely Boschini

Gerente Editorial Sênior
Rosângela de Araujo Pinheiro Barbosa

Editora
Carolina Forin

Assistente Editorial
Camila Gabarrão

Produção Gráfica
Leandro Kulaif

Preparação
Gleice Couto

Capa
Thiago Barros

Projeto Gráfico e diagramação
Márcia Matos

Revisão
Marina Montrezol
Marina Ruivo

Impressão
Santa Marta

Copyright © 2024 by Ben-Geder Trindade
Todos os direitos desta edição
são reservados à Editora Gente.
R. Dep. Lacerda Franco, 300 – Pinheiros
São Paulo, SP– CEP 05418-000
Telefone: (11) 3670-2500
Site: www.editoragente.com.br
E-mail: gente@editoragente.com.br

Dados Internacionais de Catalogação na Publicação (CIP)
Angélica Ilacqua CRB-8/7057

Ben-Geder
   A experiência encantadora de vendas: como conquistar clientes, ser um campeão de vendas e lucrar muito / Ben-Geder. - São Paulo: Autoridade, 2024.
192 p.

ISBN 978-65-6107-029-4

1. Vendas 2. Negócios 3. Empreendedorismo I. Título

24-4437   CDD 658.81

Índices para catálogo sistemático:
1. Vendas

NOTA DA PUBLISHER

Vender nunca foi uma tarefa fácil. Todos os dias, vendedores em diferentes mercados enfrentam a pressão constante de bater metas, atrair novos clientes e manter a lealdade dos que já possuem. Com a concorrência cada vez mais acirrada e clientes mais exigentes, a sensação de frustração é ainda maior. Muitos profissionais, mesmo com dedicação, enfrentam dificuldades em se destacar e criar um impacto duradouro em suas interações de venda. É nesse cenário que se torna evidente o grande desafio: como vender de maneira não apenas eficiente, mas encantadora? Como transformar uma simples transação em uma experiência memorável que cative o cliente?

É aí que entra *A experiência encantadora de vendas*, de Ben-Geder Trindade. Neste livro, ele compartilha seu método revolucionário, o Método Arena de Vendas©, que não apenas ensinou técnicas a milhares de vendedores, mas também transformou mentalidades e atitudes. Com uma trajetória impressionante, Ben-Geder conquistou seu espaço como referência em vendas automotivas e agora oferece um caminho claro para quem deseja elevar suas vendas e se conectar verdadeiramente com os clientes.

Ao longo desta leitura, o leitor aprenderá a importância da inteligência emocional, do propósito no trabalho e de como aplicar a filosofia omotenashi para criar interações de venda inesquecíveis. São doze passos que, seguidos com disciplina, podem transformar qualquer profissional em uma referência no mercado.

Convido você a explorar essa jornada e descobrir como é possível transformar desafios em conquistas e criar experiências de vendas que vão muito além das expectativas.

ROSELY BOSCHINI
CEO e Publisher da Editora Gente

Para todos aqueles profissionais de vendas, protagonistas e apaixonados pelo que fazem, que desejam transformar o mundo com a alegria de servir com excelência e entusiasmo. Esta obra é dedicada a vocês, que criam experiências únicas e inesquecíveis para os seus clientes em cada atendimento e interação, elevando o padrão de atendimento e tornando cada momento único e especial.

Aos visionários que sonham em realizar coisas incríveis e mágicas, que veem oportunidades onde outros veem obstáculos, e que usam seu vasto conhecimento, inspiração, motivação e persistência para fazer a diferença. Que vocês continuem sendo modelos a serem seguidos, iluminando o caminho com sua integridade e paixão, e trazendo sabor à vida das pessoas ao seu redor, como o sal dá sabor aos alimentos e a luz ilumina os lugares mais escuros.

Que a sua dedicação e o seu esforço sirvam de inspiração para outros, mostrando que é possível alcançar grandes feitos por meio do trabalho disciplinado, da fé inabalável e da vontade de servir. Vocês são verdadeiros exemplos de que o sucesso é uma jornada construída dia após dia, com amor pelo que se faz e compromisso com a excelência.

AGRADECIMENTOS

Em primeiro lugar, agradeço a Deus, fonte de toda inspiração e força, por me guiar e abençoar em cada passo desta jornada.

À minha amada esposa, Rosa Maria, por seu amor incondicional, sua paciência e seu apoio incansável. Sem você, este projeto não seria possível. Aos meus filhos, Henrique e Gabriel, por serem minha maior motivação e alegria. Vocês me ensinam todos os dias o verdadeiro valor da dedicação e do amor.

À minha família, por seu suporte constante e por acreditarem em mim, mesmo nos momentos mais desafiadores. Aos meus parceiros e colaboradores da Nimage Agência de Vendas, em especial a minha amiga e braço direito Elaine, que trabalharam lado a lado comigo, contribuindo com seu talento e empenho para tornar este sonho uma realidade.

Agradeço profundamente a todos os clientes que cruzaram o meu caminho. Vocês me ensinaram a importância dos detalhes, da busca incessante pela excelência, da resiliência, da disciplina e da persistência. Cada interação foi uma lição valiosa e uma oportunidade de crescimento pessoal e profissional.

E, finalmente, a todos os leitores que agora fazem parte da minha história por meio desta leitura. Vocês são a razão pela qual este livro existe, e espero que ele traga a vocês tanto valor quanto trouxe para mim quando o escrevi.

SUMÁRIO

Prefácio 13
Introdução 17

Capítulo 1 - É preciso entender para vender 25
Capítulo 2 - Dias de luta 33
Capítulo 3 - Olho no gato, olho no peixe 41
Capítulo 4 - Como manter a energia em alta com um sorriso verdadeiro no rosto 51
Capítulo 5 - PASSO 1: Tenha propósito e seja inspiração 59
Capítulo 6 - PASSO 2: Decida se tornar um ícone 69
Capítulo 7 - PASSO 3: Utilize a inteligência emocional de maneira estratégica 77
Capítulo 8 - PASSO 4: Aproveite o tempo com consciência 85
Capítulo 9 - PASSO 5: Os hábitos que transformam 95
Capítulo 10 - PASSO 6: Saia da matrix 105
Capítulo 11 - PASSO 7: Os segredos da arte & filosofia omotenashi 113
Capítulo 12 - PASSO 8: Comunicação assertiva 123
Capítulo 13 - PASSO 9: Funil de vendas transbordante ... 133
Capítulo 14 - PASSO 10: Fuja das hienas 143
Capítulo 15 - PASSO 11: Como você é visto na nova vitrine ... 153
Capítulo 16 - PASSO 12: Modele os melhores 165
Capítulo 17 - Eleve suas vendas ao nível máximo 179
Capítulo 18 - Celebre suas conquistas 187

PREFÁCIO

Vender não é apenas uma transação; é criar uma experiência que transforma tanto o vendedor quanto o cliente. E é exatamente essa visão que Ben-Geder Trindade traz em *A experiência encantadora de vendas*. O próprio título já nos dá uma pista: não se trata apenas de realizar uma venda, mas de encantar e de criar uma conexão real com o cliente que vai muito além do ato de comprar.

Ao longo dos anos, descobri que o verdadeiro segredo de qualquer negócio de sucesso está na paixão em servir. E essa paixão é um dos grandes diferenciais que Ben-Geder nos apresenta aqui. Ele nos lembra que vender não é apenas oferecer um produto, mas proporcionar uma experiência que transforma o cliente em um verdadeiro embaixador da sua marca.

Este livro é um guia poderoso para qualquer pessoa que deseje elevar suas habilidades de vendas a um novo patamar. Não importa se você está começando agora ou se já é um veterano no ramo, a cada página você encontrará estratégias práticas e insights profundos que podem ser aplicados no seu dia a dia. Ben-Geder não se limita a revelar técnicas para aumentar suas vendas. Ele vai além e mostra como você pode se tornar uma pessoa melhor no processo. Vendas não se trata de vencer a qualquer custo, mas de criar valor e de fazer com que o outro se sinta importante e reconhecido.

Ao ler este livro, você vai aprender a criar experiências de vendas que encantam e fidelizam seus clientes. Vai descobrir como transformar desafios em oportunidades e como manter a energia e a motivação em alta, mesmo nos momentos mais difíceis. Ben-Geder também ensina a importância de entender e utilizar a inteligência emocional como um grande diferencial nas negociações, além de como implementar um processo de vendas integrado, que conversa com o cliente em diversos canais de maneira eficiente e humana.

O que torna *A experiência encantadora de vendas* tão especial é que ele é muito mais que um simples manual de vendas. Ele é uma imersão profunda em como se conectar de verdade com seus clientes, criando uma jornada única que os faz retornar, não apenas pelo que você vende, mas por quem você é. O método prático e inspirador que Ben-Geder desenvolveu nos convida a pensar fora da caixa, a transformar nossas vendas em experiências inesquecíveis e a deixar uma marca duradoura na vida de todos que cruzarem nosso caminho.

Se você quer ser muito mais que apenas mais um vendedor e deseja se destacar como um profissional que encanta e inspira, este livro é a ferramenta perfeita para você. Ele vai transformar sua maneira de pensar sobre vendas e, quem sabe, até sobre a sua vida. Se eu pudesse dar um conselho a você, seria este: mergulhe de cabeça, absorva cada ensinamento e coloque tudo em prática. Você vai se surpreender com os resultados.

Boa leitura e muito sucesso!

CAITO MAIA
CEO e fundador da Chilli Beans

Jornada 1:
Um caminho tortuoso, mas com final feliz

Prepare-se para uma experiência única! Ao escanear este QRCode, você será levado a uma jornada gamificada baseada no conteúdo deste livro.

?

Mas o que é gamificação?

É uma forma de transformar aprendizado em diversão, em que cada decisão o aproxima do sucesso. Você está pronto para trilhar o caminho com desafios e conquistas?

Vamos jogar!

https://qrco.de/bengeder1

INTRODUÇÃO

Tomo a liberdade de começar este texto compartilhando com você a imensa alegria que sinto ao escrever este livro, uma ideia, um sonho que há tempos habitava minha mente e agora por fim se concretizou. Agradeço a você, leitor, por se juntar a mim nesta conquista, e acredito que, assim como eu, você sente uma inquietude e uma forte convicção de que pode realizar e entregar muito mais. Afinal, você está aqui porque acredita que as oportunidades estão ao alcance de todos. E eu também acredito nisso, sendo prova viva dessa realidade.

Se você está na jornada em busca daquela oportunidade que mudará sua vida, sei que uma pergunta ronda sua mente, assim como rondou a minha por anos: por que algumas pessoas alcançam seus objetivos enquanto tantas outras não? O que torna alguém único e reconhecido em seu mercado de atuação? Como essas pessoas conseguem vender seus produtos e serviços com tanto valor, conquistando diversas realizações, enquanto muitas pessoas dedicadas nem sequer chegam perto disso?

Minha proposta aqui é contar para você como aconteceu o meu ponto de virada no mundo das vendas, quando tudo começou a finalmente dar certo para mim. Tenho que confessar que não foi do dia para a noite que a comunicação nas vendas se manifestou como um diferencial na minha vida e, por consequência, me tornou o maior vendedor de carros do Brasil. E, por ter tido essa experiência e acreditar que posso ajudar você a alcançar o sucesso, vou entregar a você uma ferramenta para alçar voos ainda mais altos que os meus, e com muito mais facilidade e agilidade. No papel de quem já desbravou a selva do mercado, escrevi este livro para funcionar como um mapa, para que você siga de modo certeiro a sua jornada rumo à vitória, ao reconhecimento e à prosperidade.

O mundo das vendas é um turbilhão caótico. A concorrência é feroz, e as constantes mudanças nos mercados nacional e mundial transformam o dia a dia do vendedor em uma montanha-russa de ansiedade, estresse e incerteza. Existem dias de conquistas e glória, mas também há meses de seca e frustração. A pressão para vender mais, atrair novos clientes, manter a lealdade dos clientes e ser um embaixador incansável da marca, produto ou serviço só aumenta.

Vamos ser sinceros: vender é o resultado de uma combinação de esforços incansáveis e realizações do vendedor, mas também está sujeito a variáveis que, muitas vezes, parecem impossíveis de entender e acompanhar. Apesar de todos os obstáculos que surgem no caminho, no coração de cada vendedor há uma chama que arde com o desejo de superar desafios, de ser reconhecido e de alcançar o sucesso.

E muitos acabam alcançando o estrelato, conquistando fatias expressivas de vendas e as melhores comissões; as marcas disputam para tê-los em seu time. No entanto, esses profissionais mantêm o segredo do sucesso muito bem guardado. Bem, eu estou disposto a revelar o meu. Vou lhe dar a chave para o sucesso de qualquer profissional, empresa ou marca, pois quero que você também se destaque e conquiste a mente e o coração dos seus clientes para vender muito.

Este livro vai revolucionar a sua forma de enxergar a experiência de compra do cliente, revelando estratégias que a concorrência não quer que você conheça, os novos hábitos para você se tornar não apenas uma referência no mercado, mas implacável nas vendas. Aqui, você vai aprender a criar uma atmosfera tão cativante em suas interações com os clientes, que eles não apenas retornarão, mas se tornarão verdadeiros embaixadores entusiasmados por você e sua marca. Ao longo das próximas páginas, você será guiado por um verdadeiro mentor, vai receber insights valiosos que o desafiarão a desenvolver uma nova mentalidade e a assumir uma nova atitude, trazendo inspiração e abrindo novos horizontes de crescimento em sua vida pessoal e profissional. O destino dos que buscam a excelência é ser excelente, e aqui você vai aprender como se tornar um ícone no mundo das vendas, assim como eu aprendi lá atrás.

Um caminho tortuoso, mas com final feliz

Comecei nas vendas muito cedo. Meu pai e minha mãe sempre batalharam muito, mas a grana era muito curta – e eu queria ter as minhas coisas, claro –, então, aos 6 anos, eu já vendia tampinhas usadas de garrafa, aquelas com figurinhas impressas, expostas na calçada do bairro sobre uma folha de jornal. Como diz o ditado popular, "a necessidade faz o sapo pular", e eu aprendi a pular rapidinho. Era muito gostoso ver o dinheiro chegando às minhas mãos, a conquista da venda já me agradava muito. Cheguei inclusive a falar para minha mãe, Neuza, em uma inocência infantil, que desejava ser açougueiro, pois ao visitar o açougue, certa vez, vi o senhor do balcão receber uma quantia de pagamento em troca de sua mercadoria, e aquilo me encantou. Na época, minha mãe sorriu diante de minha ingenuidade e me ensinou que, no futuro, eu poderia ser o que eu quisesse – açougueiro, professor, engenheiro, advogado, comerciante –, mas deveria sempre fazer com amor e excelência.

Meu caminho até alcançar o patamar em que estou hoje foi tortuoso, confuso e doloroso, assim como para a maioria das pessoas que vêm de uma realidade de poucas oportunidades. Mas eu nunca desanimei. Em minha jornada, descobri em mim uma força maior do que o cansaço e as derrotas: a perseverança de sempre seguir em frente sem murmurar, o que me fez enfrentar com um sorriso no rosto todas as adversidades.

Na busca para suprir meus desejos, já vendi de tudo: rifas, chupe-chupe – também conhecido como geladinho e sacolé –, chocolate, sandálias de couro, ioiô... e isso de porta em porta em Porto Alegre/RS, minha cidade natal. A venda foi crescendo em minha vida de maneira natural (na verdade, necessária); aos 12, eu trabalhava, depois da escola e já com carteira de trabalho assinada, como vendedor para o meu pai, Claudio, que tinha um pequeno comércio de distribuição em que oferecia feijão, arroz, açúcar e erva-mate, para "mercearias" da periferia da cidade, lugares com pouca infraestrutura e muita pobreza. No único horário vago do meu dia, eu fazia as lições da escola dentro do carro de meu pai durante o deslocamento para casa. Na época, era muito comum, nas famílias mais pobres, que jovens trabalhassem. Hoje, apesar de a lei preconizar ser uma prática inadequada, considerada crime, muitos jovens seguem nessa realidade. Eu tive a sorte de poder brincar, mas muitos estão perdendo a oportunidade de viver a infância. Contudo, acredito ser possível buscar um equilíbrio nessa questão.

Aos 13, fui trabalhar como office-boy em um escritório de contabilidade do meu tio Adailton. Cumpria horário, levava documentos, pagava contas e percorria a cidade observando o movimento da capital do Rio Grande do Sul pela janela do ônibus. Depois surgiu a oportunidade de ser office-boy no Banco do Brasil, onde aprendi diversos trâmites administrativos, organização e como atender ao público; e, aos 15 anos, já tinha dois empregos em paralelo, um como office-boy e outro como pesquisador free-lancer em preços de automóveis usados. Eu visitava as lojas da cidade coletando os preços de mercado para enviar à revista *Quatro Rodas*, da Editora Abril, em São Paulo, capital. Ali, de certa maneira, já estava experimentando a grande virada que eu faria na minha carreira. No entanto, ainda estava longe do meu objetivo, pois vivia no modo de sobrevivência, caçando as moedas sem enxergar o horizonte que me esperava mais adiante.

Nos anos que se seguiram, tive contato com as artes cênicas, inclusive fazendo um breve curso de teatro com o reconhecido ator Stênio Garcia, mas percebi que não queria seguir a carreira. Nessa toada, encontrei no curso de Direito outro caminho para aplicar a comunicação como profissão. Então, mudei-me para São Paulo aos 18 anos para tentar uma vida nova, estudar e me tornar advogado, e aproveitei todas as oportunidades que surgiram em meu caminho: cursei oratória, latim, redação... tudo o que podia. Para pagar tudo isso, seguia trabalhando com pesquisas de preços de automóveis usados e em cronometragem de atividades esportivas, e vendia camisas, gravatas e acessórios aos colegas de trabalho.

Mesmo amando a profissão de advogado, depois de três anos de formado não conseguia pagar as minhas contas, então tive que tomar a difícil decisão de largar a área e cair de cabeça nas vendas. Acabei me tornando um revendedor de roupas no bairro do Brás/SP, reduto conhecido como mercado popular. Foi quando tive a minha primeira grande decepção: eu quebrei,

Introdução

e foi feio! Para piorar a situação, já estava casado e com um bebezinho recém-nascido em casa. O desespero chegou de modo galopante, fazendo-me perder noites e noites de sono em busca de uma saída. Nesse momento tão difícil da minha vida surgiu uma grande oportunidade de trabalhar com treinamento de vendas de carros importados de uma marca norte-americana que tinha chegado há pouco tempo no Brasil. Essa oportunidade surgiu graças ao relacionamento com o trabalho das pesquisas de carros usados, mas tinha um grande problema: eu não tinha o prerrequisito básico para esse cliente – falar inglês. E, sem o inglês, fiquei somente atuando nos bastidores, ajudando no que era possível e recebendo por alguns meses um salário pequeno.

Mesmo assim decidi arriscar. Como eu acreditava no meu potencial e sabia que aprender inglês era fundamental para o meu sucesso, fui para os EUA com o dinheiro contado somente para a comida. Com muita dedicação e disciplina, me tornei fluente em quatro meses de imersão na língua inglesa. Foi muito difícil ficar longe da família, arriscar o meu pouco e suado dinheiro, mas acreditei em minha intuição e agi. Esse sacrifício me valeu uma homologação para prestar serviços de treinamentos em vendas de automóveis para a Chrysler do Brasil! Essa foi a minha grande virada!

Desde então, atuei com grandes marcas, como Chrysler, Jeep, RAM, Renault, Fiat, Ford, Nissan, Assaí, Kia, Hyundai, BMW Autos e Motorrad, Triumph, Giga Atacadista, Honda Autos e Motos, Porsche, Audi, Mercedes-Benz Autos e Caminhões, Chevrolet, Massey Ferguson, CAOA Chery, Toyota, JCB, Volvo, Volkswagen, entre outras.

Hoje sou referência em treinamento de vendas no setor automotivo e tenho paixão e alegria em servir aos milhares de vendedores que já treinei em todo o nosso país e fora dele. Tive a oportunidade de realizar cursos de especialização em vendas tipo *Training of Trainers* na Califórnia/CA e em Detroit/MI, nos EUA, no Chile e na França, conquistando grande bagagem e autoridade no segmento automotivo e em vendas.

Agora são mais de duas décadas nessa jornada, e sou reconhecido como o criador do revolucionário Método Arena de Vendas© NIMAGE, que desenvolvi não apenas para ensinar técnicas em vendas, mas para transformar a mentalidade dos vendedores e equipes das empresas, trazendo um impacto real nos resultados da sua vida pessoal e profissional. E é justamente essa metodologia, que já treinou mais de 60 mil profissionais, que você aprenderá nas próximas páginas desta obra.

Como parar de contar moedas

Vou apresentar para você, meu leitor, partes do Método Arena de Vendas©, uma ação com metodologia única que combina conhecimento, neurociência, competição, prática e emoção, e fará você mergulhar em uma jornada enriquecedora das vendas. Você vai descobrir como os conceitos e ensinamentos deste livro são aplicados na prática, com histórias reais de sucesso e também de superação.

O Método Arena de Vendas© gera muitas vendas e transforma pessoas por meio de técnica e comportamento humano. Seu propósito é inspirar e transformar o mindset dos colaboradores e líderes das empresas, engajando todos os departamentos, além das equipes de vendas, para entregar alta performance com profissionalismo, entusiasmo e atitude, tudo isso em um ambiente saudável, com *fair play* e com muita competição. No método existe uma grande disputa entre equipes para vender mais e no menor tempo possível. A jornada se inicia com o Kick-off, o pontapé inicial, em uma palestra eletrizante, depois ocorrem diversos treinamentos e o acompanhamento com uma estratégia de marketing exclusiva, motivação, muita prospecção e engajamento dos clientes para ofertas incríveis e imperdíveis a fim de fazer o melhor negócio, até o dia da grande final do campeonato, o dia "D", com o grande evento. Nessa competição o grande campeão é o time que mais fizer vendas! A Arena é sucesso por onde passa, presente em todos os 27 estados do Brasil e também na América do Sul, deixando um legado de prosperidade e muitas conquistas.

Este livro é uma porta aberta para elevar o seu patamar de vendas e trazer para você a glória de ser um vendedor de nível internacional. Então, pergunto: quer parar de contar as moedas, de se preocupar com a meta, e começar a efetivamente vender muito? Bem, continue a virar as páginas. Você vai aprender tudo isso e mais comigo. Vamos juntos?

CAPÍTULO 1
É PRECISO ENTENDER PARA VENDER

Seguir em frente, movimentar e reinventar o negócio

> "Creia em si mesmo! Tenha fé em suas habilidades! Sem uma confiança humilde, mas razoável em seus próprios poderes, você não pode ser bem-sucedido ou feliz.
> – Norman Vincent Peale[1]

Me lembro como se fosse ontem quando falei "2020 será o melhor ano das nossas vidas" em alto e bom tom com a minha equipe no final de 2019; afinal, estávamos com contratos muito bons e vários projetos para concretizar. As expectativas eram as mais animadoras; e as oportunidades, diversas. Mas eu não fazia ideia (e nem você) do que estava por vir.

O ano de 2020 começou bem, mês de janeiro forte e muitas turmas de vendas sendo treinadas, clientes felizes e cheios de expectativas para vender muito no novo ano. Carnaval em fevereiro por chegar, todos os colaboradores da nossa equipe de trabalho correndo muito para entregar com excelência as demandas e os projetos contratados. De repente, na semana do encerramento do nosso evento, foi anunciado pelo governo e pela Organização Mundial de Saúde uma crise sanitária de proporções assustadoras, informando que as pessoas deveriam tomar cuidado e se proteger. No entanto, poucas pessoas perceberam a gravidade do que estava surgindo, e a vida seguiu o seu curso natural.

Bomba! Após as festas do Carnaval, todos os veículos de comunicação e mídia começaram a noticiar o poder de destruição da nova doença mortal, o covid-19. Essa doença, até então desconhecida por nós, gerava todos os dias nos noticiários imagens de hospitais lotados e centenas de mortes

---

[1] PEALE, N. V. **The power of positive thinking.** Nova Iorque: Simon & Schuster, 2003. Tradução livre.

de maneira alarmante. Isso acarretou um movimento de exigência global para distanciamento social e até mesmo lockdown de estabelecimentos comerciais, serviços públicos, bairros e cidades. Tudo fechou! Foi como se o mundo tivesse ficado em stand-by.

Aqueles contratos incríveis do início de 2020 que comentei há pouco com você e os projetos em andamento foram todos cancelados ou suspensos; o faturamento mensal despencou, chegando, em alguns meses, a zerar. Diante desse cenário, em poucos meses tive de ter uma conversa muito franca com a minha equipe de colaboradores e parceiros:

"Vivemos um momento muito desafiador no Brasil e no restante do mundo, mas precisamos seguir em frente, nos movimentar, reinventar o nosso negócio e a nossa forma de vender. Lembrem-se de que o mar calmo não cria bons marinheiros."

Naquele instante, percebi que o nosso principal produto, o Método Arena de Vendas©, precisaria ser transformado ou ainda reinventado para atender ao novo cenário escasso em vendas e negócios. Eu não sabia como faria isso, mas tinha certeza de que eu teria que reinventar a roda e fazê-la girar o mais rapidamente possível. A questão era como reinventar um método de vendas de maneira que ele continuasse a demonstrar verdadeiros sinais de sucesso e resultados, faturamento de vendas expressivo para os clientes, elogios sobre a metodologia, didática, construção de ideias, inteligência e transformação de pessoas e negócios.

Repensando estratégias

Nesse período de reconstrução e superação, chorei muito, orei muito pedindo a Deus direção para superar o momento de terror e de tantas perdas emocionais, físicas e financeiras.

Até que entendi que o Método Arena de Vendas© só sobreviveria se conseguíssemos alcançar escalabilidade, ou seja, chegar a diversos endereços de forma simultânea para falar com o maior número de pessoas ao mesmo tempo. E isso demandava novas tecnologias, investimentos, conhecimento e formas de interação e comunicação que eu e a minha equipe desconhecíamos. Outro ponto muito importante era entender o momento das pessoas, tratar as suas dores naquele período de dificuldade, incerteza e, sobretudo, desesperança. Percebemos que o nosso maior diferencial seria cuidar das pessoas, esse era o grande segredo. Precisávamos entregar uma visão emocional estratégica – além do racional e das técnicas de vendas, cuidar do emocional era obrigatório.

Mas os obstáculos eram muitos. Não era mais possível estar presencialmente nos lugares, não era permitido aglomeração de pessoas, todos estavam com medo, inseguros e incrédulos. Não podíamos mais visitar os clientes, e o nosso modelo de negócio era 100% presencial; então, a nossa capacidade de atender à demanda foi severamente comprometida, se tornou obsoleta.

Talvez você, como eu, tenha também enfrentado situação semelhante: a necessidade de adaptar-se, de encontrar novas formas de alcançar os objetivos sem os recursos e métodos tradicionais. A chave para superar esse obstáculo está em repensar as estratégias, abraçar a inovação e buscar soluções que permitam resultados eficientes e eficazes, mesmo diante de adversidades tão significativas. Essa jornada de adaptação não é fácil, mas é uma oportunidade de crescimento e transformação sem iguais.

Confesso que muitas vezes pensei em desistir, sentia que todas as minhas forças haviam se acabado. Não somente a minha família estava em risco, mas também a de todos os meus parceiros e colaboradores, que confiavam e dependiam de mim.

Não sei você, mas, em momentos difíceis, busco motivação em frases ou pensamentos que podem servir como um lembrete poderoso de que é possível superar desafios. Quero compartilhar com você a frase que ressoou profundamente em mim:

"Não é o quanto você sabe bater, mas é o quanto você aguenta apanhar e cair."

Desde então, todos os dias, me lembro dessa realidade. Apanhar, perder, enfrentar fracassos e desafios constantes é doloroso, não é verdade? Mas, no jogo da vida, ser capaz de aguentar os golpes e levantar-se depois de cada queda é uma habilidade essencial para a sobrevivência na selva: *"Welcome to the jungle"* (Bem-vindo à selva). É nesse processo de levantar-se repetidas vezes, de continuar tentando apesar das dificuldades, que realmente encontramos a força e a resiliência que nos impulsionam adiante.

A verdadeira vitória não está em nunca cair, mas em levantar-se o mais rápido possível após cada queda. Cada vez que nos reerguemos, nos tornamos mais fortes, mais sábios e mais confiantes. E é essa capacidade de perseverar, mesmo quando tudo parece estar contra nós, que nos define e nos permite alcançar nossos objetivos e sonhos.

A nova vitrine virtual

Eu consegui me reinventar ao descobrir uma solução para o estado de emergência da época, e ela está me trazendo grandes resultados no mundo pós-pandemia também.

Você deve fazer o mesmo. Entenda, o mercado mudou muito. O modelo de vendas tradicional presencial precisa ser reinventado. Os vendedores e as empresas têm que sair do modelo básico, indo muito além daquilo esperado pelo cliente. Na verdade, devemos pensar pelo cliente, criar algo diferente e especial, pois vivemos a "geração da experiência".

Criar verdadeiras experiências de compra, com estratégias de atração, atendimento exclusivo e fechamento de impacto hoje é obrigatório. Entender a dinâmica desse novo e irreversível cenário é essencial.

Perceba: a vitrine física das lojas com a exposição dos produtos e anúncios nunca vai acabar, mas usar a nova vitrine virtual, ou seja, as redes sociais, é imprescindível para a continuidade e perpetuação do negócio. Essa nova vitrine permite pesquisar tendências, ofertar soluções, atrair e criar conexões reais com o público comprador, em vez de esperar simplesmente o cliente entrar na loja, como ocorria antigamente.

Segundo dados dos sete maiores PIBs do mundo (EUA, China, Japão, Alemanha, Reino Unido, Índia e França), as vendas on-line geraram faturamento de US$ 2 trilhões em 2019. No ano seguinte, esse montante chegou a US$ 2,5 trilhões. Esse número não deixou de crescer no pós-pandemia. Em 2021, o comércio eletrônico movimentou US$ 2,9 trilhões nesses países.

Esse é um claro sinal de que as lojas físicas entraram em decadência e de que a tendência moderna do consumo é o cliente escolher produtos e serviços a partir das imensas plataformas digitais disponíveis? Não é bem isso. Mas há uma tendência que o pós-pandemia deve acentuar: a transformação do comércio presencial.[2]

Segundo recente estudo em relatório da GlobalData, o e-commerce global atingirá US$ 9,3 trilhões até 2027. Isso mostra que as transações globais de e-commerce cresceram de US$ 2,5 trilhões em 2016 para US$ 5,9 trilhões em 2022 – a uma taxa composta de crescimento anual de 15%.[3]

Depois de entender o que estava acontecendo e o caminho em que as mudanças de comportamento estavam nos levando, tomei a decisão de repensar o negócio como um todo, do início ao fim.

Inspiração muda o mundo

Minha equipe comprou a ideia de reinventar-se e, dia após dia, fomos construindo o novo Método Arena de Vendas© que agora também incluía "on-line" no nome. A cada nova ação, vivenciávamos mais aprendizados e evoluções. A cada novo resultado de sucesso ou de erros, novas ideias e estratégias surgiam.

Até eu tive dificuldade de entender a grandiosa dimensão que o Método Arena de Vendas© estava tomando. Fomos além de números. Criamos transformação e esperança na vida das pessoas e de suas famílias, tudo isso com equipes de vendas felizes e inspiradas para entregar experiências de compra memoráveis e únicas aos clientes.

A partir de então, passei a entender que a inspiração, quando embalada e transmitida de forma eficaz e apaixonada, tem o poder de transformar o mundo. As pessoas precisam de inspiração para encontrar e perceber o seu melhor. E acredito que existem forças invisíveis e sobrenaturais que nos motivam a seguir em frente. Assim, eu convido você a ser um apaixonado pelo que faz e a transformar muitas vidas na sua caminhada rumo ao sucesso.

---

[2] PANDEMIA acelera migração para e-commerce, mas lojas físicas se mantêm com experiência. **Spotlight**, 25 maio 2022. Disponível em: https://www.spotlightpalestrantes.com.br/post/pandemia-acelera-migracao-para-e-commerce-mas-lojas-fisicas-se-mantem-com-experiencia. Acesso em: 11 ago. 2024.

[3] MOREIRA, P. Comércio eletrônico: antes e depois da pandemia do coronavírus. **E-commerce Brasil**, 13 fev. 2020. Disponível em: https://www.ecommercebrasil.com.br/artigos/comercio-eletronico-antes-e-depois-da-pandemia-do-coronavirus. Acesso em: 11 ago. 2024.

Saiba, porém, que essa jornada de transformação e sucesso não é feita apenas de momentos inspiradores e vitórias. Existem também os dias de luta, aqueles em que os desafios parecem insuperáveis e a motivação se enfraquece. É nesses dias difíceis que nossa verdadeira força e determinação são testadas.

No próximo capítulo, vamos explorar como enfrentar os momentos de adversidade, encontrar a resiliência necessária para continuar avançando e transformar os obstáculos em oportunidades de crescimento. Vamos juntos descobrir como cada batalha pode nos tornar mais fortes e nos aproximar ainda mais de nossos objetivos.

CAPÍTULO 2
DIAS DE LUTA

Desafios fazem parte das nossas histórias de vida

> "Não siga os números, siga a paixão e o propósito.
> Os números virão como consequência."
> – Simon Sinek[4]

Muitas vezes, as pessoas não conseguem convencer os clientes a comprar a solução oferecida, mesmo quando acreditam que estão demonstrando os diferenciais e resultados incríveis que já conquistaram. E, claro, se sentem frustradas e decepcionadas com essa situação de não resultado. Sei que isso acontece com frequência, porque converso todos os dias com vendedores e líderes de vendas por todo o Brasil, e eles me relatam ser cada vez mais difícil bater as metas e os objetivos, mesmo quando representam um produto ou serviço já reconhecido no mercado.

Esses profissionais não estão conseguindo conectar os clientes aos diferenciais, às vantagens e aos valores que têm a oferecer. Falam que os clientes estão cada vez mais exigentes e que é difícil capturar a atenção deles. Por conta disso, se sentem cada vez mais ansiosos, inseguros e estressados em relação ao seu resultado de vendas.

Lutas e desafios fazem parte da vida, ainda mais quando estamos em meio a um mercado volátil, desafiador, exigente, com concorrência acirrada, repleto de variáveis, no qual a qualidade não é mais um diferencial – é uma commodity (termo usado para descrever bens e mercadorias produzidas em massa).

Sim, é difícil e trabalhoso seguir em frente e bater as metas. Entregar o que foi planejado está cada vez mais cansativo. E o desânimo, muitas vezes,

---

[4] SINEK, S. **Comece pelo porquê**: como grandes líderes inspiram pessoas e equipes a agir. São Paulo: Sextante, 2018.

bate à porta. Eu entendo você. Dar conta de todas as demandas exige cada vez mais de nós: mais tempo, mais energia e mais da nossa sanidade.

Qual é a realidade de um vendedor que é cobrado todos os meses? Se você está nessa área de atuação profissional, sabe exatamente do que estou falando. Quantas horas você trabalha por dia? Quantos dias por semana você dedica para alcançar suas metas? A pressão constante para atingir resultados, a comissão que nem sempre corresponde ao seu esforço e a incerteza de manter o seu emprego ou negócio são parte do seu cotidiano.

E, no mundo digital das redes sociais, você se sente preparado para atuar na nova vitrine? Consegue separar as barreiras entre a vida pessoal e profissional ou acaba misturando tudo em uma conversa no WhatsApp ou outra rede social com um cliente? Esses desafios são reais, e muitos de nós já estivemos nesse lugar, tentando encontrar um equilíbrio enquanto navegamos pelas demandas do mercado.

O que está acontecendo com esse vendedor que não consegue achar clientes de forma presencial como antes, que se sente incapaz ou despreparado para encontrar clientes no mundo virtual nessa irreversível tendência da era digital?

Vida financeira e pessoal em declínio, junto com as vendas

Acredito que você reconheça alguém, ou a si mesmo, nisso tudo que estou falando. A luta para encontrar novos clientes em um mercado saturado e dinâmico, o esgotamento mental e físico de tentar cumprir expectativas às vezes impossíveis e a frustração de ver o retorno financeiro não corresponder ao seu esforço são sentimentos comuns por onde passo com as palestras e os treinamentos de motivação e vendas.

Mas é importante lembrar que você não está sozinho. Muitos vendedores enfrentam os mesmos desafios diariamente. A chave está em encontrar novas estratégias, adaptar-se às mudanças e buscar maneiras de renovar sua motivação e energia.

Quero explorar junto com você e ajudá-lo a encontrar soluções práticas para esses problemas, que encaro como desafios a serem superados. Vamos descobrir como otimizar seu tempo, melhorar suas técnicas de vendas no mundo digital e encontrar um equilíbrio saudável entre a vida pessoal e a profissional. A cada desafio superado, você estará um passo mais perto de alcançar o sucesso e a satisfação que merece na sua carreira de vendas.

Certo dia uma vendedora experiente me falou: "Ben-Geder, eu não sei o que fazer para melhorar a minha performance nas vendas e voltar a ter bons resultados como antes. Tenho trabalhado mais horas e ganhado menos", e ela não se referia apenas à sua vida financeira, mas também à sua vida pessoal.

De acordo com a Organização Mundial da Saúde (OMS), cerca de 10% da população mundial sofre com transtornos mentais, o que corresponde a 720 milhões de pessoas. O Brasil é o país que lidera o ranking de ansiedade no mundo.[5] A ansiedade é uma condição de saúde mental que pode afetar pessoas em todo o mundo, independentemente de sua nacionalidade, raça ou cultura. No entanto, há vários fatores que podem contribuir para altos níveis de ansiedade em algumas pessoas no Brasil, dentre eles:

- **Condições socioeconômicas:** Problemas financeiros e insegurança econômica podem ser fontes significativas de ansiedade. Muitas pessoas no Brasil enfrentam desafios financeiros e têm preocupações sobre o futuro.
- **Violência e criminalidade:** Em algumas regiões do Brasil, a alta taxa de criminalidade pode causar ansiedade, especialmente quando as pessoas se preocupam com a segurança delas e de suas famílias.
- **Pressão social:** As expectativas sociais também desempenham um papel muito importante. A pressão para corresponder a determinados padrões de sucesso e felicidade pode aumentar a ansiedade, em especial a vida nas redes sociais, que muitas vezes não representam a verdade.
- **Acesso limitado a cuidados de saúde mental:** O acesso a cuidados de saúde mental no Brasil por vezes é limitado, o que pode dificultar o tratamento.

---

[5] SANTOS, A. L. Brasil é o país com mais pessoas ansiosas na América Latina, aponta OMS. **Brasil 61**, 12 mar. 2023. Disponível em: https://brasil61.com/n/brasil-e-o-pais-com-pessoas-mais-ansiosas-na-america-latina-de-acordo-com-a-oms-bras237989. Acesso em: 27 ago. 2024.

- **Eventos traumáticos:** Situações adversas, como desastres naturais, podem causar ansiedade em qualquer lugar do mundo.

É importante ressaltar que a ansiedade é uma condição complexa e com muitos gatilhos, e não se limita a um único país ou grupo de pessoas. Ela pode ser influenciada por uma série de fatores, incluindo genética, história pessoal e ambiente. É crucial buscar ajuda e apoio quando se enfrenta ansiedade, independentemente de onde você viva.

Ainda sobre o tema saúde mental, o Instituto Brasileiro de Vendas fez uma pesquisa que identificou que 55,2% dos profissionais de vendas admitem ficar receosos na hora de intermediar uma negociação de venda. A avaliação também apontou que 73,6% dos vendedores sentem algum tipo de desconforto ao receber a primeira objeção do cliente.[6]

Eu entendo essa dor. Também a vivenciei. Passei por momentos de perdas, depressão e ansiedade. Eu me sentia impotente perante os problemas do dia a dia e não sabia qual caminho seguir para mudar esse cenário que me trazia muita angústia e infelicidade. Acordava com a sensação de que o mundo estava contra mim, de que as responsabilidades eram esmagadoras e de que cada passo parecia mais difícil do que o anterior. Esses sentimentos me paralisaram durante certa época de minha vida.

Mas a verdade é que esses momentos não definem quem você é! Eles são apenas capítulos temporários de uma história maior. A verdadeira força está em levantar-se, mesmo quando tudo parece estar desmoronando ao seu redor. É nas pequenas vitórias diárias, nas decisões de continuar tentando, que encontramos nosso verdadeiro poder.

De invasor a amigo

Quero compartilhar com você uma adversidade que passei quando eu menos esperava.

---

[6] MAIS da metade dos vendedores profissionais admitem ter medo de negociar, revela pesquisa do Instituto Brasileiro de Vendas. **Jornal da Economia Online**, 11 ago. 2024. Disponível em: https://jeonline.com.br/noticia/9798/mais-da-metade-dos-vendedores-profissionais-admitem-ter-medo-de-negociar-revela-pesquisa-do-instituto-brasileiro-de-vendas. Acesso em: 11 ago. 2024.

Em 2004, durante um treinamento nacional de vendas para o lançamento do Nissan XTerra em Teresópolis, Rio de Janeiro, procurei um local para atividades de aventura próximo ao hotel cinco estrelas onde o evento foi realizado. O gerente do hotel indicou um lugar perfeito, e, após um trajeto de trinta minutos em estrada de terra, encontramos um cenário deslumbrante, mas com cercas de arame farpado. Perguntei ao gerente do hotel se precisávamos de autorização para acessar aquela linda área, e ele garantiu que não havia problema em cortar a cerca. Confiando nele, nossa equipe cortou o arame e preparou a área para o evento, que ficou maravilhosa.

No primeiro dia do evento, durante um test-drive em comboio, um Toyota Bandeirantes branco bloqueou abruptamente nosso caminho. Dois homens armados desceram do carro e perguntaram: "Quem é o responsável aqui? Quem cortou a cerca do meu patrão?". Tremi e percebi que a situação era grave. Pedi aos homens que deixassem o comboio seguir enquanto eu os acompanhava até a fazenda. Fui escoltado no Toyota Bandeirantes, aliviado ao ver os demais seguirem em segurança, mas a sensação logo passou quando os homens começaram a me ameaçar: "Você não imagina o que você fez! O patrão prefere que bata na cara dele a cortar a cerca da propriedade!".

Na fazenda, fui colocado em um banco, esperando pelo dono. Quando ele chegou, furioso, permitiu que eu explicasse a situação. Então, eu disse que não tinha intenção de prejudicar ninguém e que desejávamos mostrar a beleza natural daquela região incrível e vender muitos carros com esse treinamento de lançamento.

Aos poucos, os ânimos se acalmaram, e ele até vestiu o chapéu e a pochete do evento com os quais eu lhe presenteei. Após as explicações, os policiais devolveram meus documentos e os capangas se afastaram. Concordamos em continuar o evento no mesmo local, desde que remendássemos a cerca cortada. O dono da fazenda, que também era proprietário de um posto de gasolina, ofereceu crédito para o combustível necessário e se tornou um grande amigo e parceiro.

Que alívio foi sair ileso daquela situação de terror, algo inesquecível na minha vida. Ainda tomei um café na fazenda e ganhei carona até o hotel, onde minha equipe, apavorada, ficou aliviada ao me ver e saber que o evento continuaria com o apoio do meu novo amigo.

A questão é: muitas vezes não temos a mínima ideia dos obstáculos que surgirão na nossa frente, capazes de gerar consequências muito ruins e talvez irreparáveis. Nesses momentos, devemos manter a calma para conseguirmos lidar com a situação da melhor maneira possível.

Lembre-se: as adversidades foram feitas para forjar você para as grandes batalhas. E, depois dessas grandes batalhas, é hora de você colher os frutos e tomar posse da vitória.

Principais aprendizados deste capítulo

- Lutas e desafios fazem parte das nossas histórias de vida, o milagre de nossa existência por si só já é um desafio imenso a ser enfrentado, siga em frente!

- É importante ressaltar que a ansiedade é uma condição complexa e com muitos gatilhos, e não se limita a um único país ou grupo de pessoas. Ela pode ser influenciada por uma série de fatores, incluindo genética, história pessoal e ambiente.

Os momentos difíceis não definem quem você é! Eles são apenas capítulos temporários de uma história maior. A verdadeira força está em levantar-se, mesmo quando tudo parece estar desmoronando ao seu redor.

CAPÍTULO 3

OLHO NO GATO, OLHO NO PEIXE

Superar é se reinventar continuamente

> "Siga em frente mesmo nos momentos em que desejar desistir."
> – Ben-Geder Trindade

Parecia obra de ficção. Bastou uma jogada. Houve um estalo – barulho ouvido por muitos no estádio – e Ronaldo, o Fenômeno, o melhor jogador de futebol do mundo em 1996 e 1997, e que voltava de quase cinco meses de fisioterapia devido a uma lesão, viu a sua gloriosa recuperação escoar por água abaixo. Tudo mudou naquele 12 de abril de 2000. O grito de desespero do atleta ficou na memória de todos que assistíamos àquela final da Supercopa da Itália. Ronaldo entrou em campo aos treze minutos do segundo tempo para a alegria de toda a torcida do Inter de Milão, mas, para horror de todos, o tendão patelar do joelho direito estava escancaradamente rompido. Pensei, como a maioria, que seria o fim da carreira dele. Mas não foi!

Após dois anos da cirurgia, muita dor, fisioterapia e dedicação incansável, o jogador se recuperou plenamente da grave lesão. Depois desse incidente, Ronaldo ainda ganhou o título da Copa do Mundo FIFA em 2002 para o Brasil! Uma palavra define essa história: superação.

Como têm sido seus desafios como profissional de vendas para entender as tendências e se preparar para lidar com as transformações e necessidades que surgem diariamente nos diversos setores da economia global? Talvez a palavra-chave também seja superação, superar-se a cada dia. A falta de treinamento, o desconhecimento das próprias responsabilidades e do seu papel nas mudanças e incertezas do mercado, especialmente em um mercado cada vez mais tecnológico, exigem muito mais de cada um de nós não só na dedicação, mas em conhecimento e engajamento.

Superação é reinventar-se continuamente, conhecer cada vez mais os diferenciais entre as marcas ofertadas no mercado, saber sobre os produtos e serviços disponíveis – seja para os clientes mais jovens ou para os clientes mais maduros. Inclusive saber das reclamações e dos problemas que surgiram. Você deve estar se perguntando: *Como os clientes conseguem saber tanto, às vezes mais do que nós, que estamos envolvidos no dia a dia das marcas?* A resposta está na palma das nossas mãos: smartphones, tablets e computadores. Por meio de blogs, redes sociais, sites e aplicativos, eles encontram diversas possibilidades de compra, opiniões de outros clientes, dicas, tendências, endereços, formas de receber o produto em casa mais rápido e até como pagar com descontos e condições especiais.

Os primeiros sites de busca na internet apareceram no início dos anos 2000. Empresas como o Buscapé – fundada em 1999 – foram pioneiras nesse mercado de "buscas". Desde então, o setor de comparação de preços e informações on-line cresceu e se diversificou, com várias plataformas surgindo para atender às necessidades dos consumidores. Foi nessa época que a internet se popularizou e o comércio eletrônico ganhou força. Blogs de avaliação de produtos e serviços se tornaram uma fonte importante de informações para os consumidores brasileiros.[7]

O mercado de consumo voltado para o atendimento passou por grandes mudanças. O comércio eletrônico ganhou força e alcançou níveis surpreendentes de vendas, em especial durante os períodos de isolamento na pandemia, como já vimos. Desde então, os hábitos dos consumidores se transformaram. Veja o que as pesquisas apontam: "87% dos consumidores já fazem compras on-line, e outros 75% usam as redes sociais para buscar produtos e também para comprar".[8] As mesmas pesquisas apontam para a queda do fluxo de clientes nos showrooms presenciais. O modelo tradicional de vendas, no qual o cliente era impactado pela publicidade, televisão

---

[7] CURIOSIDADES. **Internet Expert**, 2024. Disponível em: https://internetexpert.com.br/antes-do-google/. Acesso em: 28 ago. 2024.

[8] QUASE 90% dos consumidores já fazem compras on-line. **ClienteSA**, 6 jul. 2023. Disponível em: https://portal.clientesa.com.br/cliente-sa/quase-90-dos-consumidores-ja-fazem-compras-on-line/ Acesso em: 28 ago. 2024.

ou rádio e depois se dirigia à loja física para comprar, está diminuindo a cada ano. Em 2020, o comércio no Brasil perdeu 75,2 mil pontos de venda, revela estudo da Confederação Nacional do Comércio de Bens, Serviços e Turismo (CNC).[9]

E precisamos acompanhar essas mudanças se quisermos vender.

As vantagens do comércio on-line para o consumidor

Aposto que você tem percebido as lojas e os showrooms de compras mais vazios que o normal. Esse é um dos grandes desafios de lojistas, shoppings e associações comerciais em todo o Brasil. Os clientes estão comprando de outra forma (ou seja, on-line). Outro fator para esvaziar os showrooms é o significativo aumento de preços com deslocamentos, transporte, estacionamento e outros, além dos produtos em geral. Segundo o Índice Nacional de Preços ao Consumidor (IPCA), a inflação oficial do país subiu 88% em dez anos. Dois motivos para esse aumento da inflação são: a crise de 2015, em que o produto interno bruto (PIB) caiu mais de 3% devido à crise na China; e a pandemia de covid-19 em 2020. Nesses dois momentos, os preços subiram por volta de 10% ao ano.[10]

Outra realidade que influencia esse cenário é o aumento do endividamento e da inadimplência dos brasileiros. Em dezembro de 2023, quatro em cada dez brasileiros estavam inadimplentes segundo o Serviço de Proteção ao Crédito (SPC Brasil).[11]

As flutuações econômicas no Brasil, inflação e juros em alta chegando perto dos 5% nos últimos doze meses tornaram o crédito em geral mais caro, dificultando ainda mais a atividade econômica, gerando todos os meses incertezas para o cliente decidir sobre o momento certo de comprar ou não. Todo esse cenário colabora de forma direta para o cliente

---

[9] Idem.

[10] MARTINS, A. Inflação de julho acelera e sobe 0,38%; IPCA acumulado de 12 meses chega a 4,50%. **Exame**, 9 ago. 2024. Disponível em: https://exame.com/economia/ipca-julho-2024-ibge/ Acesso em: 20 ago. 2024.

[11] Idem.

naturalmente buscar melhores negócios e preços, fazendo com que vendas on-line, condições especiais e compras de valor agregado menores sejam muito mais procuradas.

E, convenhamos, as compras on-line são bem mais práticas do ponto de vista do consumidor. Elas estão disponíveis 365 dias por ano, 7 dias por semana e 24 horas por dia, permitindo que você faça compras a qualquer momento, de onde estiver, desde que tenha conexão com a internet. Além disso, há uma infinidade de ofertas e condições no on-line que não é possível ver no presencial. Quer fazer uma experiência prática? Olhe no seu smartphone agora em uma rede social da sua preferência. Em poucos segundos, você encontrará uma promoção ou oferta exclusiva para você. Essa dinâmica de alcance instantâneo dos leads (oportunidades digitais) está cada vez mais presente em nosso cotidiano. Hoje, o sofá da sua casa é o novo shopping.

Tenha em mente que o comportamento dos clientes passa por mudanças dia a dia. Eles evitam ou não gostam de locais cheios, filas, tempo longo de deslocamento, procura por vagas para estacionar, gastos com combustível, estacionamento ou transporte. As compras on-line oferecem muitas vantagens e facilidades que as compras presenciais tradicionais não conseguem proporcionar. Para que o cliente decida comprar em uma loja física, ele precisa encontrar uma solução completa e diferenciada para suas necessidades, com muita conveniência, personalização e praticidade, o que na maioria das vezes não acontece.

Seja um Davi para derrubar o seu Golias

Você deve estar se perguntando: *E nós, como ficamos nisso tudo?*

A verdade é que temos que vencer um gigante por dia. Você conhece a história de como um jovem sem experiência de guerra derrubou um experiente guerreiro? Está na Bíblia.

Davi, segundo a história contada no Primeiro Livro de Samuel, era um jovem adolescente, irmão de três guerreiros que pertenciam ao exército do rei Saul. Todos os dias, ele ia ao acampamento para levar comida aos irmãos e conduzir as ovelhas do rebanho de seu pai. Em um desses dias, ouviu os insultos de Golias contra o povo de Israel. Naquele tempo, os filisteus queriam invadir as terras de Israel, e o rei Saul reuniu uma força-tarefa para defender seu reino. Golias, um gigante especialista na arte da guerra, desafiava o exército de Israel dizendo: "Se tiver um homem capaz de me combater e me matar, desistiremos das terras e seremos vossos escravos."

Por 40 dias, Golias humilhou Deus e o povo de Israel, o que encheu Davi de ira. Mesmo jovem e pequeno, ele foi falar com o rei Saul e se ofereceu para enfrentar o gigante. O rei Saul, embora preocupado, aceitou que Davi enfrentasse o gigante em batalha. Armado com cinco pedras e sua funda, Davi se preparou para o combate. Enfrentando os insultos do gigante Golias, girou sua funda e arremessou uma pedra, atingindo a cabeça do gigante, que caiu por terra. Davi correu até ele, sacou a espada de Golias e cortou a cabeça do gigante, garantindo a vitória ao povo de Deus. Esse jovem, apesar do medo e dos grandes problemas, enfrentou seu gigante com coragem.

Há muitos "gigantes" em nossa vida. E, para derrotar cada um deles, precisamos ser como Davi. A seguir, listo alguns desses principais "gigantes" que talvez estejam amedrontando você.

- **Pressão para atingir metas:** Muitas empresas estabelecem metas rigorosas de vendas, o que pode criar uma pressão significativa para atingi-las. O medo de não cumprir essas metas pode levar à ansiedade e depressão.
- **Ambiente de trabalho excessivamente competitivo:** A competição entre profissionais de vendas dentro de uma empresa é normal; mas, se essa competição não for saudável e com *fair play*, criamos um ambiente de altíssimo estresse, desgastante e tóxico, fazendo a equipe adoecer física e emocionalmente.
- **Mudanças tecnológicas:** A evolução da tecnologia e do comércio eletrônico pode fazer com que alguns vendedores e profissionais liberais se sintam naturalmente ameaçados em relação ao seu futuro no setor de vendas tradicional e conhecido por todos nós.
- **Pressão do cliente:** As gerações mais jovens costumam estar mais informadas e são mais exigentes; portanto, podem ser clientes mais desafiadores, aumentando a pressão sobre os vendedores para sair da zona de conforto deles. Esses clientes querem mais que um excelente atendimento:

querem viver uma verdadeira experiência de compra, independentemente do valor ou do ticket-médio da compra.

Esses desafios profissionais fazem sentido para você? Talvez você tenha outros gigantes na sua vida. Escreva-os a seguir. Vou ajudá-lo a vencê-los nos próximos capítulos.

1._____

2._____

3._____

4._____

E as empresas, onde ficam nessa história? As organizações, diante desse cenário, devem oferecer suporte emocional, treinamento adequado e inspirador às suas equipes. São ações fundamentais para o sucesso do negócio. No entanto, sabemos que isso nem sempre é fácil, pois demanda investimento e planejamento. É difícil, mas é necessário. Assim como estamos vendo como o vendedor deve fazer a sua parte, uma parte de responsabilidade também cabe às empresas, que devem criar um ambiente de conhecimento e estrutura para a equipe de vendas desempenhar da melhor maneira o seu papel na geração de negócios.

Derrubando gigantes

Admiro profundamente as lições de vida do grande boxeador Muhammad Ali, anteriormente conhecido como Cassius Marcellus Clay, antes de se converter ao islamismo. Sua filosofia de vida era tão admirável quanto sua trajetória no esporte. Uma de suas citações mais inspiradoras é:

> Impossível é apenas uma palavra usada pelos fracos, que acham mais fácil viver no mundo que lhes foi determinado do que explorar o poder que possuem para mudá-lo. O impossível não é um fato consumado. É uma opinião. Impossível não é uma afirmação. É um desafio. O impossível é algo potencial. O impossível é algo temporário. Nada é impossível.

A nossa missão é "derrubar os gigantes", assim como Muhammad Ali e Ronaldo, o Fenômeno, fizeram. Encare a superação como uma decisão e uma paixão em tudo o que você faz. Como já disse, cada desafio enfrentado é uma oportunidade de crescimento e aprendizado. Claro que ninguém quer se deparar com obstáculos, mas eles são importantes na jornada.

Nos capítulos a seguir, exploraremos soluções práticas para superar falhas e dificuldades. Vou capacitá-lo a realizar vendas com qualidade, mantendo a saúde emocional e um profissionalismo incomparável. Prepare-se para desvendar os segredos que transformarão sua abordagem de vendas, seja on-line ou presencial, tornando você imbatível no atual e competitivo mercado.

No próximo capítulo, vamos abordar estratégias para manter sua energia elevada e seu espírito positivo, mesmo nos dias mais desafiadores. Vamos descobrir como a atitude e a motivação podem impactar diretamente seu sucesso, auxiliando-o a enfrentar qualquer obstáculo com confiança e otimismo.

Convido você a seguir em frente nesta jornada de vitórias e conquistas. Juntos, vamos aprender a manter um sorriso verdadeiro no rosto, refletindo a satisfação e o entusiasmo que vêm de fazer o que se ama e de alcançar resultados extraordinários.

Principais aprendizados deste capítulo

- Há superação em se reinventar todos os dias e conhecer cada vez mais as informações sobre os diferenciais entre as marcas ofertadas no mercado, sobre os seus produtos e serviços.

- Davi, esse pequeno menino, mesmo em meio aos grandes problemas e sentindo medo, enfrentou com fé e coragem o seu maior gigante.

- As estratégias de vendas devem estar alinhadas às tendências e preferências dos clientes atuais, que estão cada vez mais digitais, voltados para o comércio on-line, buscando experiências de compra mais convenientes, seguras e exclusivas.

Jornada 2:
Olho no gato, olho no peixe

Você está pronto para encarar múltiplos desafios? Nesta jornada, você aprenderá a manter o foco em várias frentes e sair vitorioso! Mergulhe neste desafio e jogue agora!

https://qrco.de/bengeder3

CAPÍTULO 4
COMO MANTER A ENERGIA EM ALTA COM UM SORRISO VERDADEIRO NO ROSTO

Jamais subestime o poder de um bom atendimento na vida do seu cliente

"Todos temos um grande inimigo: nós mesmos!"
– Ben-Geder Trindade

Já vivi e ouvi tantas histórias por onde passei, muitas delas emocionantes. Teve uma em especial que jamais esquecerei.

Era final de 1983 em Porto Alegre/RS, começava o verão. A promessa era de que haveria calor suficiente para cozinhar ovo no asfalto! Mais um ano letivo na escola estadual Jardim Lindoia tinha acabado, ufa! Lembro-me como se fosse hoje da alegria de terminar mais um ano na escola. Mesmo com pouca idade, já entendia a importância de estudar e ir bem na escola. O período de férias sempre foi muito especial para a nossa família simples. Nos enchíamos de expectativas e sonhos do que iria acontecer.

Costumávamos passar as férias de final de ano na casa dos meus avós, primos e tios em uma festa de Ano-Novo, na cidade natal dos meus pais, em Uruguaiana, a 600 km de Porto Alegre. E, mesmo sendo de família simples, tirar férias com baixo custo era muito especial e importante para a nossa família; ficávamos cheios de expectativas e sonhos do que aconteceria naqueles dias com a família reunida: histórias, alegria e descontração. A viagem acontecia de carro, mas dessa vez havia um problema: eu e o meu irmão mais velho, Ben-Hur, queríamos levar as nossas bicicletas, que, claro, não cabiam no fusquinha azul do meu pai. Diante desse impasse, mesmo com a grana curta, Ben-Hur e eu resolvemos pesquisar preço do frete em uma transportadora próxima da nossa casa.

Chegando à empresa, já no balcão de atendimento um senhor muito simpático veio falar conosco. Ele nos perguntou o que queríamos, o destino da carga e o que seria transportado. Depois de respondermos, ele questionou: "E vocês, guris, passaram de ano no colégio?". Dissemos que sim, e com notas bem acima da média. O homem, então, ficou em silêncio, nos observando. Até que respondeu, sorrindo: "Parabéns, guris. Continuem estudando para alegrar os seus pais, viu? E porque vocês foram bons alunos, vou levar e trazer as bicicletas de vocês sem cobrar nada." Meu irmão e eu ficamos sem fala. Só conseguimos rir e dar pulos de alegria. E, um pouco depois, recuperados da emoção do momento, só tínhamos palavras de gratidão e agradecimento.

Até hoje me questiono o que tocou o coração daquele bom homem para nos presentear com o transporte das bicicletas. Penso que, para uma transportadora que se chamava na época Expresso Mercúrio e que tinha dezenas de carretas gigantes na sua frota, o espaço ocupado por duas bicicletas pequenas deveria ser mínimo. E ele, sabendo disso, viu que poderia fazer o transporte sem causar qualquer prejuízo para a empresa. Aquele senhor enxergou para além do lucro.

Graças às bicicletas, fizemos passeios, brincamos, corremos e tivemos as férias mais legais e felizes das quais consigo me lembrar!

Por causa da atitude daquele homem, meu pai e os amigos da família passaram a recomendar essa transportadora para todo o bairro, e soubemos que ela prosperou muito até ser comprada em 2007 pela transportadora holandesa TNT, tornando-se a segunda maior transportadora do Brasil.

Com essa história, meu objetivo é mostrar como no mundo dos negócios não é somente o dinheiro que dita as regras. Uma visão humanizada, preocupada com o bem-estar das pessoas e da sua comunidade, é fundamental. Muitas vezes, você não ganhará o que espera. Muitas vezes, mesmo realizando um atendimento impecável, você não realizará a venda naquele momento. Mas, sem perceber, por meio das suas palavras, ações e gestos, você transformará vidas.

A satisfação do cliente como centro do seu propósito

Quero levar você a refletir sobre ter uma missão de vida com propósito, e que esse propósito permita a você encontrar a felicidade e o valor nas suas ações, de modo que elas ecoem na eternidade.

Se você tem como propósito de vida somente ganhar dinheiro a qualquer custo, você está fadado a ter muitas e muitas frustrações. Entenda, dinheiro é importante, sabemos disso. Precisamos fazer dinheiro para honrar os nossos compromissos, realizar nossos próprios sonhos e os da nossa família.

Então, sim, vender e gerar lucro é fundamental. Mas já imaginou como seria bem melhor ter esse sucesso financeiro e, ainda, tocando as pessoas? Acredite: além de impactar positivamente a vida dessas pessoas, você ganharia com um aumento no seu caixa. Pense o seguinte: clientes satisfeitos falam bem de você, da sua marca, e transformam-se em verdadeiros embaixadores.

Um sorriso verdadeiro, por exemplo, tem o poder de construir relacionamentos fortes e duradouros, pois é um gesto de empatia e amor não só com os clientes, mas entre colegas e parceiros comerciais. Da mesma forma, pequenos gestos de cortesia, como um elogio sincero, contribuem para a criação de um ambiente positivo e inspirador – algo propício para o florescimento de criatividade, produtividade e inovação.

A experiência do cliente se inicia com um atendimento personalizado sincero; pois, assim, conseguimos demonstrar o nosso interesse por essa pessoa e reconhecer seu valor e sua importância para nós. O cliente deve estar no centro de tudo.

Modelo mental de superação

Em minhas palestras, treinamentos e workshops pelo Brasil e no exterior, ensino os meus alunos a aplicar os princípios desse atendimento mais humano, mais positivo, de valorização do bem-estar do cliente, e que acaba gerando também bem-estar em nós mesmos. Por vezes, me perguntam: "Ben, você acorda assim todos os dias? Como você está sempre motivado, sorrindo, com energia superelevada?".

É claro que não começo o meu dia com toda a disposição; muitas vezes estou sem vontade ou energia. Às vezes, tudo o que quero é chegar logo ao final do dia para iniciar mais um novo ciclo. Mas, então, me lembro de que tenho que vencer esse "gigante". Aí, assumo o Davi que há em mim – isto é, um modelo mental de superação – e sigo em frente com alegria, visando ao meu propósito de transformar vidas.

Vou apresentá-lo a seguir. Você pode usá-lo em qualquer área da sua vida, não apenas quando se sentir desmotivado com as vendas. Quero compartilhar a minha verdade com você, meu leitor que talvez tenha desafios tão gigantes e maiores que os meus, com momentos difíceis, às vezes dolorosos e motivados com frequência pelo medo do fracasso. A falta de fé no amanhã é uma realidade que me acompanha. Tenho que lembrar que não são as circunstâncias que me trazem a felicidade, e sim a decisão. Sei também que sou sempre observado por onde passo, dessa maneira escolho ser um exemplo e procuro afastar a autossabotagem que me persegue todos os dias. Quero lhe mostrar humildemente o meu modelo mental básico em cinco dicas para fugir das armadilhas e conquistar o sucesso em qualquer ambiente da vida:

Fé – Acreditar na provisão de Deus
Lembre-se: Deus não lhe dá um fardo que você não possa carregar. Na Bíblia, está escrito: "Não veio sobre vós tentação, senão humana; mas Deus é fiel; que vos não deixará tentar acima do que podeis; antes, com a tentação dará também o escape, para que a possais suportar" (1 Coríntios 10:13).

Decisão – Independentemente da situação, você é quem decide!
A felicidade é um fenômeno complexo e individual, influenciado por fatores genéticos, pessoais e pelos ambientes em que vivemos no dia a dia.[12] Sendo assim, preciso todos os dias decidir ser feliz. A nossa mente deseja que sejamos felizes somente quando tudo vai bem, ou seja, quando eu e minha família estivermos com saúde, com dinheiro no banco sobrando, com sucesso e reconhecimento profissional. Aí mora o perigo. Circunstâncias não devem decidir se somos felizes ou não. É dar muito controle para algo sobre o qual, muitas vezes, não temos controle. A felicidade deve ser uma decisão pessoal.

---

[12] A CIÊNCIA da felicidade pode ajudar você a melhorar a saúde mental. **Eusemfronteiras**, 2022. Disponível em: https://www.eusemfronteiras.com.br/a-ciencia-da-felicidade-pode-ajudar-voce-a-melhorar-a-saude-mental/ Acesso em: 28 ago. 2024.

Comportamento – Você é um exemplo

As pessoas precisam de inspiração e modelos a serem seguidos. E, quando você inspira, você é inspirado também. As emoções positivas são contagiantes e atuam em áreas do cérebro relacionadas à empatia e conexões sociais, ativando a liberação do neurotransmissor dopamina, o hormônio da felicidade. Tal substância está diretamente ligada à motivação, à recompensa e ao prazer de viver em sua plenitude.[13]

Disciplina – Respeito a você mesmo

A autossabotagem é uma verdade real e diária. Daí a importância de ser consistente, estabelecer metas claras e tangíveis, colocando o foco no propósito, em manter hábitos saudáveis de alimentação e na atividade física – tudo isso com resiliência e autocontrole. Somente tendo disciplina, muitas vezes tendo que dizer "não" a prazeres momentâneos e passageiros, você conseguirá chegar ao outro nível da sua história.

> "O autorrespeito é a raiz da disciplina. A noção de dignidade cresce com a habilidade de dizer não a si mesmo."
> – Abraham Lincoln[14]

Prepare o show – A sua imagem representa o seu sucesso

Ao levantar-se pela manhã, tome um banho gostoso, inicie o seu trabalho mental pensando nas coisas boas que você vai conquistar, nas vendas que você vai fechar naquele dia. Escolha a sua melhor roupa de acordo com o ambiente, o melhor perfume e a maquiagem especial, arrume o cabelo, olhe-se no espelho e fale: "Eu vou subir no palco para dar um show. Eu estou preparado para o sucesso." E, então, vá com tudo para cima do seu "gigante".

---

[13] ALVES, R. **A neurociência da felicidade**. São Paulo: MK Books, 2019. *Audiobook*. Disponível em: https://open.spotify.com/intl-pt/album/1XWnjfUh5f4DHsHW7MPw92. Acesso em: 30 ago. 2024.

[14] HESCHEL, A. J. **The Wisdom of Heschel**. Nova York: Farrar, Straus and Giroux, 1986. p. 95.

No próximo capítulo, vamos explorar um pouco mais do Método Arena de Vendas©, que já esteve presente em todos os estados brasileiros e em países da América do Sul, promovendo prosperidade, transformação e aumento significativo nas vendas. Por meio de estratégias de marketing e treinamentos comportamentais, conseguimos tocar a mente e o coração de equipes e clientes.

Ao longo da minha carreira, treinei mais de 60 mil profissionais de vendas, gerando mais de R$ 14,6 bilhões em faturamento para nossos clientes. Quero compartilhar com você todo esse conhecimento, as batalhas superadas e os desafios vencidos. Esse passo a passo irá transformar sua forma de ver e ser visto pelo mercado.

Para começar, vamos descobrir como o propósito pode guiar nossas ações e como ser uma inspiração para os outros pode amplificar nosso impacto no mundo. Sigamos!

Principais aprendizados deste capítulo

- Tenha uma missão de vida com propósito, para que esse propósito permita que você encontre a felicidade e o valor nas suas ações, de modo que elas ecoem na eternidade.

- Imagine os clientes falando bem de você e da sua marca, como verdadeiros embaixadores, isso é único e poderoso.

- Um sorriso verdadeiro tem o poder de construir relacionamentos duradouros, porque é um gesto de empatia e amor não só com os clientes, mas entre colegas e parceiros comerciais.

O modelo mental básico em cinco dicas: fé – acreditar na provisão de Deus; decisão – independentemente da situação, você decide; comportamento – você é um exemplo; disciplina – respeito a você mesmo; e prepare o show – a sua imagem representa o seu sucesso.

CAPÍTULO 5

PASSO 1: TENHA PROPÓSITO E SEJA INSPIRAÇÃO

Como você quer ser lembrado?

"Coragem é estar pronto para entregar o melhor, encantando o cliente!"
– Salim Maroun

Imagine a seguinte cena: segunda-feira de manhã, você acabou de acordar. Olha pela janela e constata que o dia está chuvoso e um pouco frio. É claro que a vontade é uma só: voltar para a cama e dormir mais um pouco. No entanto, não é isso o que você costuma fazer. Já parou para pensar o que inspira você a não voltar para a cama e, em vez disso, seguir em frente para mais um dia de batalha? Muito mais do que ganhar dinheiro e ter sucesso, por que você se levanta da cama todos os dias? Ou melhor: qual é o seu propósito?

Demorei muito tempo para entender qual é o meu propósito e a importância dele, do poder transformador que acarretou para a minha vida e a das pessoas ao meu redor. Mesmo trabalhando com vendas há mais de duas décadas e sendo reconhecido nessa área em todo o Brasil, eu não tinha plena consciência do meu propósito.

Isso só foi acontecer no início de 2020, durante um evento de lançamento superimportante. Minha esposa, Rosa Maria, que me acompanha desde o início da minha carreira em vendas, me disse: "Meu amor, está na hora de você ir para outro nível no mundo de treinamentos, você precisa conhecer o mundo das palestras. Você está correndo muito no lançamento do novo Renault Duster e está sem tempo para nada, mas eu já te inscrevi em uma mentoria de palestras com alguém que você admira muito, o Roberto Shinyashiki. Aliás, já começou a mentoria, e você perdeu a primeira aula. Mas a próxima será daqui a dois dias."

Fiquei em choque, mas muito feliz pela iniciativa ousada da minha Rosa. E foi nessa mentoria transformadora de vida que, aos 49 anos, passei a entender o poder de conhecer o meu propósito, com a minha raridade.

Importante frisar que ter um propósito é um processo contínuo de autoconhecimento e reflexão profunda com visão de futuro. Ou seja, não importa com qual idade você tenha esse insight (não existe isso de ser muito novo ou muito velho para descobrir o seu propósito e a importância dele), assim como não é um processo de evento único. O importante, como ocorreu comigo, é você entender que precisa ter esse conhecimento, e o valor desse poder. Afinal, quando você tem uma compreensão clara do que é significativo, valioso e gratificante para você (isto é, do seu propósito e sua raridade), enfrentar os seus "gigantes" fica muito mais fácil. Você tem mais motivação para fazer as tarefas e cumprir as responsabilidades, sua satisfação pessoal aumenta e você passa a criar conexões mais genuínas com as pessoas ao seu redor.

A história de William Colgate[15] reflete um propósito de vida claro e real que culminou em um sucesso incrível. Originário de uma família pobre britânica, ele imigrou com seus pais para os Estados Unidos no início de 1800. Colgate, com humildade e perseverança, começou do nada e se tornou um grande empresário no ramo de sabões e velas em Nova York.

Sua grande virada ocorreu com a mudança tecnológica da época, quando o creme dental passou a ser vendido em bisnagas, substituindo os potes não higiênicos e incômodos. Esse novo método de acondicionamento foi revolucionário na forma de cuidar da saúde bucal. Colgate tinha propósito em tudo o que fazia; ele buscava cuidar da saúde das pessoas em todo o mundo, garantindo qualidade e inovação nos seus produtos. Demonstrava responsabilidade corporativa tanto com seus colaboradores quanto com a sociedade, destinando recursos para causas filantrópicas e à obra de Deus.

Graças a essa visão, a marca Colgate continua transformando vidas até hoje, com investimentos em universidades, escolas, hospitais e igrejas. Com um propósito claro, William Colgate criou uma marca global, reconhecida e respeitada em lares ao redor do mundo. Isso é poder! Propósito é poder!

---

[15] WILLIAM Colgate, uma história brilhante. **Agreste Presbiteriano**, 30 set. 2019. Disponível em: https://agrestepresbiteriano.com.br/william-colgate-uma-historia-brilhante/ Acesso em: 28 ago. 2024.

Rumo ao seu propósito

Vou ajudar você a criar (ou fortalecer) o seu propósito de vida, guiando-o por dez etapas. Pegue um lápis ou uma caneta, e mãos à obra!

Etapa 1 – Autoconhecimento

Reflita sobre os diversos ambientes da sua vida: pessoal, profissional, espiritual; seus valores, suas paixões, suas habilidades e seus interesses. E, então, identifique as suas forças e fraquezas.

Forças: Eu gosto de ajudar a.../ Me alegra fazer...

_____

_____

Fraquezas: Como é difícil criar/preparar...

_____

_____

Etapa 2 – Valores fundamentais

Escreva quais valores são inegociáveis para você, aqueles que são a base para as suas ações e decisões do dia a dia.

_____

_____

_____

Etapa 3 – Metas de longo prazo

Metas são pedaços do seu objetivo principal e devem estar alinhadas com os seus valores inegociáveis. Com isso em mente, escreva onde você se vê em dois, cinco e dez anos.

_____

_____

_____

Etapa 4 – Paixões e prazer

Identifique as atividades que lhe dão entusiasmo, prazer e satisfação, e como elas podem ser ampliadas.

_____

_____

_____

Etapa 5 – Você é o resultado do meio

Valorize e cultive relacionamentos que apoiam os seus valores e objetivos. Você é fruto das pessoas com quem convive; então, escolha bem as suas companhias. Quem são essas pessoas?

_____

_____

_____

Etapa 6 – Ser aberto a mudanças
Ser flexível é fundamental para se adaptar a novas oportunidades e novos desafios. Você está disposto a ajustar seus objetivos e suas estratégias à medida que cresce e evolui?

☐ SIM   ☐ NÃO

Etapa 7 – Contribuir para o mundo
Imagine como o seu propósito impactará a vida das pessoas e pergunte a si mesmo como as suas habilidades podem contribuir para levar prosperidade aos seus clientes.

_____

_____

_____

Etapa 8 – Sempre aprender com as experiências e reavaliar periodicamente
Você quer aprender com as experiências passadas, independentemente de elas serem positivas ou negativas, e reavaliar uma mudança de rota?

☐ SIM   ☐ NÃO

Etapa 9 – Ser resiliente todos os dias
Os desafios são reais e diários, e desenvolver um propósito pode levar tempo. Você está disposto a ser paciente consigo mesmo diante dos desafios que virão?

☐ SIM   ☐ NÃO

Etapa 10 – Meu propósito é...
Diante do que você escreveu nas etapas até aqui, você conseguiu identificar qual é o seu propósito? Não deixe para depois, escreva-o agora.

_____

_____

_____

Parabéns! Você acabou de dar um passo fundamental rumo ao seu sucesso!

E, para inspirá-lo um pouco, quero trazer uma linda interpretação do filme O *rei leão*[16] feita pelo pastor Claudio Duarte, renomado líder religioso brasileiro, conhecido por seu estilo carismático e sua abordagem bem-humorada ao falar sobre temas religiosos e familiares.

Acredite no leão que existe dentro de você!

O filme narra a história do jovem leão Simba, que, por se sentir culpado pelo assassinato do seu pai, o rei Mufasa, foge do reino. O que o jovem não sabe é que a morte do pai fora orquestrada por seu tio Scar, que queria tomar o poder.

Atente para este trecho da palestra do pastor Claudio:[17]

> Na fuga de Simba, ele encontra um porco e um suricato, Timão e Pumba, que, quando veem o leão, dizem: "Esse cara vai nos comer! Então, vamos convencê-lo de que ele não é um leão. 'Hakuna matata' (sem problemas). Vamos viver de qualquer maneira." E o leão começa a comer larvas.

---

[16] O REI leão. Direção: Roger Allers; Rob Minkoff. Estados Unidos: Walt Disney Feature Animation; Walt Disney Pictures, 1994. Vídeo (89 min).

[17] LEMBRANÇAS, feridas e cicatrizes. 2024. Vídeo (48min12seg). Publicado pelo canal Projeto Recomeçar. Disponível em: https://www.youtube.com/watch?v=Qj7ccFu57cQ. Acesso em: 30 set. 2024.

O tempo passa, e um macaco com um cajado e que devia ser pastor, chega e diz a Simba – que agora já é um leão, mas vive de maneira dissoluta: "Eu conheço você. Você é Simba, filho de Mufasa. Tem um reino te esperando." Simba diz: "Não, isso é passado." E o macaco pega o cajado e bate na cabeça de Simba, que ruge.

Por mais que tentem convencê-lo de que você não é quem Deus afirmou ser, há um leão aí dentro de você rugindo. Você foi chamado para vencer, então desperte!

Quando Simba vai beber água no riacho e olha a sua imagem refletida, quem ele vê? A imagem do seu pai, pois é a imagem do pai que devemos refletir.

Ande com gente que torce por você. O nosso grande desafio são as nossas companhias. Mude as suas influências, quem você lê, quem você ouve, com quem você anda, mude tudo! Está na hora de irmos para outra fase das nossas vidas, vamos para outra etapa, ampliando nossa mente, vivendo novos horizontes, novas expectativas. Não vai dar para vivermos o novo se caminharmos com pessoas que não evoluíram. Permita que a sua mente vá para outra etapa desta vida.

Desejo que você viva essa realidade em sua vida e, assim, por meio do seu propósito, possa transformar outras vidas, sendo exemplo e inspiração por onde você passar!

Principais aprendizados deste capítulo

- Colgate tinha propósito em tudo o que fazia, ele queria cuidar da saúde das pessoas em todo o mundo. Propósito é poder!

- As etapas guiarão você para planejar e seguir na direção de uma vida com significado, alinhada com os seus valores e suas paixões mais profundas.

- Por mais que o tentem convencer de que você não é quem Deus afirma ser, há um leão aí dentro de você rugindo. Você foi chamado para vencer, então desperte!

Jornada 3:
Tenha propósito e seja inspiração

Descubra como transformar suas ações em inspiração para os outros. Essa jornada vai guiá-lo a encontrar seu propósito e liderar com impacto. Você está pronto para ser uma fonte de inspiração?

https://qrco.de/bengeder5

CAPÍTULO 6

PASSO 2: DECIDA SE TORNAR UM ÍCONE

O protagonismo está em suas mãos

> **"Ostra na zona de conforto não produz pérola, não existe mudança sem desconforto."**
> – Ben-Geder Trindade

Adoro a célebre frase que o tio Ben falou ao seu sobrinho Peter Parker, no filme do Homem-Aranha: "Com grandes poderes vêm grandes responsabilidades".[18]

Muitas vezes, você quer ser reconhecido e lembrado por ter uma vida boa, títulos, bens e por ser um canal de conhecimento e inspiração. Mas nem sempre pensamos sobre as responsabilidades inerentes a essas conquistas, os comportamentos e as atitudes necessários para assumir o papel de um verdadeiro ícone.

A maioria dos profissionais não assume o seu verdadeiro papel de ícone, isto é, de protagonista da sua história. Muitos estão desalinhados com a sua vida pessoal e principalmente com os seus sonhos. A dedicação ao trabalho muitas vezes os afasta dos melhores momentos de sua vida em família, encontros aos domingos, festinhas de aniversário, reuniões de pais na escola das crianças – e esses momentos não voltam. Isso acaba acarretando frustração, tristeza, baixa autoestima, ansiedade, sensação de perda e estresse. E, claro, também reflete na carreira: perdem oportunidades, a remuneração diminui, não alcançam os objetivos do mês... Os sonhos vão por água abaixo.

As perguntas que me fiz há alguns anos foram: qual é o meu papel na história da minha vida? O que estou construindo para deixar como legado? Como agir para ser um ícone e uma inspiração para os outros?

---

[18] HOMEM-ARANHA. Direção: Sam Raimi. Estados Unidos: Marvel Enterprises; Columbia Pictures, 2002. Vídeo (121 min).

Entendi que, para ocupar esse papel, existem três possibilidades como personagem: protagonista, coadjuvante e antagonista. Qual desses quero ser? Devo escolher com sabedoria, pois será quem comanda o meu presente e o meu futuro da história. E quanto aos outros dois que sobrarem, quem ocupará os lugares deles?

E você? Sabe quem é o personagem principal, ou o ícone da sua história de vida? Ele ou ela deve ser o personagem principal do filme ou da sua obra, é o herói ou a heroína. Já o coadjuvante é o personagem secundário, aquele que auxilia ou coopera com o protagonista da história para chegar ao final feliz. E o antagonista é aquele cuja missão é acabar com o herói a qualquer preço, aquele que tenta impedir o mocinho de realizar os seus objetivos.

O modo como você escolhe viver indica o personagem e o papel que deseja atuar na sua própria história. A verdade é que todos em nosso íntimo desejamos ser protagonistas. Então, se hoje você não é o protagonista, chegou o momento de mudar isso.

Em busca da harmonia entre vida pessoal e profissional

Você se considera uma pessoa feliz? Está verdadeiramente satisfeito com a vida que leva? Se sente realizado com sua vida pessoal e profissional? Falta muito para você conseguir se sentir pleno ou realizado?

Acredito que tenha respondido não a uma ou mais dessas questões. Isso significa que está precisando aprender a gerenciar a sua vida, de modo que a vida pessoal fique em harmonia com a profissional.

Diversas pesquisas[19] abordam a dificuldade das pessoas de gerenciar a vida pessoal em harmonia com a vida profissional. Um desses estudos foi publicado na *Plos One* e investigou como o conflito entre trabalho e família afeta o bem-estar mental dos colaboradores. Outro, publicado pela Cambridge University Press & Assessment, sugere que altos níveis de engajamento no trabalho, ou excesso dele, podem ampliar efeitos negativos e

---

[19] Por exemplo, a de Paul J. Meyer, fundador do Sucess Motivation Institute, pioneiro na indústria do aprimoramento e desenvolvimento pessoal, e a de Tatiana Pimenta, CEO e fundadora do blog *Vittude*. (N. A.)

conflitos trabalho-família no desempenho profissional dos colaboradores de empresas.

Essas pesquisas mostram que o conflito entre trabalho e família pode levar a estresse, esgotamento e insatisfação geral, podendo ocorrer em duas direções:

- **Conflito trabalho-para-família:** quando as demandas do trabalho interferem nas responsabilidades familiares.
- **Conflito família-para-trabalho:** quando as responsabilidades familiares interferem nas demandas do trabalho.

Alguns estudos mostram que as mulheres podem enfrentar desafios únicos no equilíbrio entre trabalho e vida pessoal, devido a expectativas sociais e responsabilidades domésticas. Isso pode resultar em maior conflito trabalho-família para as mulheres em comparação com os homens.[20]

Assim, é possível afirmar que gerenciar a vida pessoal e profissional em harmonia é um desafio complexo que pode impactar a saúde mental, a produtividade e a satisfação com a vida. Abordagens que incluem políticas de flexibilidade, apoio organizacional e a promoção de uma cultura de equilíbrio são cruciais para enfrentar esses desafios.

É essencial mudar o seu modelo mental de escassez e acreditar na possibilidade de ter uma vida plena e feliz. Adote um novo mindset, um modelo mental que permita conciliar e gerenciar a vida pessoal com a vida profissional. Esteja em uma posição de inquietude, pois você é o responsável por cuidar dos seus sonhos!

Descarte suas neuras, os "E se?", as barreiras, os medos e os impedimentos. Cuide de cada integrante da sua família, do seu casamento, da sua equipe e dos colegas de trabalho. Assim, você transformará os seus sonhos e os dos seus clientes em realidade.

---

[20] GOLDIN, C. Desigualdade de gênero e o equilíbrio entre trabalho e família: Resenha de Goldin, Claudia. Career and Family: Women's Century-Long Journey toward Equity. Princeton University Press, 2021. **Revista Brasileira de Estudos de População**, [S. l.], v. 39, p. 1–6, 2022. Disponível em: https://rebep.org.br/revista/article/view/2096. Acesso em: 30 ago. 2024.

Você é o promotor de sucesso na vida da sua família e equipe de trabalho. Seja fiel aos seus sonhos e às pessoas que confiam em você, aquelas que acreditam e torcem por você!

Uma lição valiosa sobre propósito, missão e como se tornar um ícone

Diante da mudança de modelo mental e da superação de obstáculos, quero desafiar você a considerar a inspiradora história de Ester. Essa moça simples e órfã se tornou a mais famosa rainha da Pérsia, o maior reino da época, conforme narrado no Antigo Testamento. Ester identificou e utilizou suas forças para transformar uma história que tinha tudo para dar errado, sendo usada por Deus para salvar o povo hebreu da morte.

Criada na Pérsia por seu primo Mardoqueu, após perder seus pais, Ester possuía uma fé inabalável no Deus de Israel (uma de suas forças), mesmo vivendo em uma terra estrangeira. Outra força sua era a autoestima, que ela teve que resgatar, deixando para trás a síndrome de inferioridade e perdoando seu passado de pobreza e perdas.

Reconhecida por sua beleza, Ester foi convidada a participar de um concurso de beleza que escolheria a nova rainha. Muitas vezes, nosso passado derruba nossa autoestima, impedindo-nos de ver nosso valor e abraçar oportunidades. Ester poderia ter sido apenas mais uma bela moça judia, subjugada no reino persa.

Entretanto, uma reviravolta na família real mudou seu destino. A rainha Vasti foi deposta após se recusar a desfilar para o rei Assuero, uma ofensa imperdoável. Graças a esse episódio, Ester conquistou a atenção do rei e se tornou a nova rainha da Pérsia, salvando seu povo da morte.

Destaco a atitude de Mardoqueu, o coadjuvante dessa história, que confrontou Ester e a inspirou a se tornar protagonista de sua própria história. Ester teve que se posicionar e falar com o rei. A Bíblia narra essa conversa no livro de Ester 4:13-14, em que Mardoqueu a desafia a agir com coragem:

> Não pense que, por estar no palácio, você escapará quando todos os outros judeus forem mortos. Se ficar calada num momento como este, alívio e livramento virão de outra parte para os judeus, mas você e seus

parentes morrerão. Quem sabe não foi justamente para uma ocasião como esta que você chegou à posição de rainha? (Ester 4:13-14)

Como toda boa história, a de Ester também tem um antagonista: Hamã, um alto oficial do rei Assuero. Hamã, movido por um ódio mortal contra Mardoqueu e todos os judeus, elaborou um plano maligno para destruí-los (Ester 3:8-9). A princípio, Ester se sentiu incapaz de ajudar seu povo, mas sua decisão de mudar seu modelo mental prevaleceu. Mesmo correndo grande risco, ela escolheu contar ao rei o esquema de Hamã, que acabou desmascarado e eliminado por ordem do próprio rei.

Essa história inspiradora vale ser lida e relida, pois aborda o sentido de ter um propósito claro e objetivo na vida. A principal visão dessa história de superação é que, independentemente do lugar que você ocupa ou de onde você veio, é possível decidir ser protagonista da própria história, assumindo as responsabilidades desse papel.

A história de Ester ensina lições valiosas sobre propósito, missão e como se tornar um verdadeiro ícone. Lembre-se do que já discutimos neste livro: o propósito é o que dá sentido à vida e gera o desejo de realizar; é o que motiva a levantar da cama todos os dias. A missão, por sua vez, são as ações concretas que você deve realizar para atingir seu propósito. Resumindo: a missão é o que você fará, e o propósito é por que você fará!

Entenda: ser protagonista – nome derivado de *proto* (principal, primeiro) e *agonistes* (lutador) – significa assumir a responsabilidade por mudanças positivas em nossa vida e nosso entorno. Convido você a usar este poder: a atitude de sair do lugar comum para transformar sua história e a de sua família.

Ser um ícone, um protagonista, é estar no comando do presente e plantar boas sementes para o futuro. E a gestão pessoal é essencial para garantir controle emocional, autonomia e organização, permitindo alcançar nosso máximo potencial. Gerenciar a própria vida permite superar limites, potencializar características positivas e transformar as negativas. Adote essa postura para ser o herói da sua própria história e inspirar outros a fazer o mesmo.

No próximo capítulo, quero ajudar você a colocar em prática a sua transformação. Vamos entender quais ambientes devem ser trabalhados, e vou compartilhar com você como as emoções verdadeiras interferem quando você está diante de desafios e como compreendê-los, a fim de tornar a sua jornada mais leve e transformadora.

Principais aprendizados deste capítulo

- Há três possibilidades de personagens para o seu papel na sua vida: protagonista, coadjuvante ou antagonista; e um deles comanda o seu presente e futuro.

- É preciso mudar o seu modelo mental de escassez sobre a possibilidade de ter uma vida plena e feliz; é possível conciliar e gerenciar a vida pessoal com a profissional.

- A missão é o que você fará, e o propósito é por que você fará!

Jornada 4:
Decida se tornar um ícone

A grandeza é uma escolha. Nesta jornada, você aprenderá a tomar as decisões certas para se tornar um ícone em seu mercado. Decida ter visibilidade e jogue agora!

https://qrco.de/bengeder6

CAPÍTULO 7

PASSO 3: UTILIZE A INTELIGÊNCIA EMOCIONAL DE MANEIRA ESTRATÉGICA

Vivendo as cinco emoções verdadeiras

"Nunca ande pelo caminho traçado, pois ele conduz somente até onde os outros já foram."
– Alexander Graham Bell[21]

Quero ajudar você a colocar em prática o protagonismo na sua história. Para isso, é necessário que você supere os obstáculos invisíveis que impedem a sua realização profissional e, consequentemente, o seu sucesso. Vamos trabalhar juntos para aprimorar dois aspectos de sua vida:

Responsabilidade com o resultado final: Independente da sua idade, do momento de vida ou de experiência profissional, autoavalie seus resultados de médio e curto prazo. Pergunte-se: *Estou sendo produtivo não só para a empresa, mas para mim mesmo?* Faça a diferença com sua postura, entrega de objetivos, engajamento e motivação. Analise: novos clientes chegam de forma orgânica por meio de indicações? Os feedbacks que você recebe são sempre muito positivos?

Trabalhar a inteligência emocional do cliente: Esse tema foi um divisor de águas para mim ao tratar conflitos do dia a dia sobre como lidar com os clientes. Essa visão objetiva e simples das emoções permitiu ter uma vantagem competitiva enorme diante dos desafios naturais que surgem nas apresentações e negociações de vendas.

---

[21] BELL, A. G. apud CORRÊA, J. **Proteção ambiental & atividade minerária**: elementos para a formação da cidadania ecológica. Curitiba: Jurua Editora, 2003. p. 252.

A abordagem de identificar e categorizar emoções humanas tem sido estudada por diversos psicólogos, como Paul Ekman, que identificou seis emoções básicas: raiva, alegria, tristeza, medo, surpresa e nojo.[22] Ekman, nascido em 1934, destacou-se por suas contribuições significativas na compreensão de como as emoções são expressas e reconhecidas universalmente por meio de expressões faciais.

Mesmo não sendo um psicólogo, peço licença poética para humildemente apresentar as cinco emoções verdadeiras com uma abordagem focada em vendas e relacionamento com clientes. Com mais de trinta anos de experiência treinando milhares de pessoas no Brasil e no exterior, convido você a perceber quão poderoso é entender os sentimentos do cliente e ter controle sobre essas emoções, algo essencial para se tornar um ícone no seu negócio.

Raiva

A raiva é uma emoção altamente sanguínea, que muitas vezes impulsiona a pessoa a agir de forma irracional e desastrosa, mas também pode estimular mudanças no comportamento, pensamento ou na situação. No entanto, essa emoção pode romper relacionamentos e, devido à secreção do hormônio do estresse, o cortisol, pode envenenar o corpo e causar diversas doenças, dentre elas as cardíacas, Alzheimer, problemas digestivos, entre outras.

Tenho certeza de que você já enfrentou situações de raiva de um cliente. O ponto é: como conduzir essa situação delicada e importante? A raiva pode surgir quando um cliente está insatisfeito com um produto ou serviço que não atendeu às expectativas dele. É fundamental reconhecer e lidar com essa emoção de forma respeitosa e eficaz.

Ao enfrentar a raiva de um cliente, é crucial ouvir atentamente suas preocupações, demonstrando interesse real, e oferecer soluções práticas para resolver o problema, independentemente de ter sido gerado ou não por você.

Já ouviu aquela frase "Vamos fazer desse limão amargo uma limonada e um mousse com raspas de limão"? Assim, pense em transformar o momento

---

[22] EKMAN, P. **Emotions revealed**: recognizing faces and feelings to improve communication and emotional life. Nova York: Owl Books, 2007.

de raiva em uma oportunidade para fortalecer o relacionamento com o cliente, aumentar a fidelidade à marca e, principalmente, a você.

Alegria

Que emoção gostosa, a alegria! Ela aumenta a energia e a motivação, transformando o ambiente e impulsionando-nos a buscar mais momentos assim.

A alegria é uma emoção poderosa que pode ser compartilhada quando um cliente está satisfeito com sua experiência de compra. Celebrar as conquistas dos clientes, seja por meio do reconhecimento, descontos especiais, brindes ou simplesmente expressando gratidão, fortalece os laços e gera lealdade e indicações.

Manter um ambiente alegre e positivo durante as interações com os clientes influencia positivamente sua percepção sobre a sua marca, produto ou serviço, incentivando-os a retornar para comprar novamente.

Tristeza

Ela sinaliza quando algo já não faz mais sentido na vida. Auxilia no processo de perdas e decepções, gerando a descoberta de novas fontes de felicidade. Quando estamos tristes, nosso corpo está triste, nosso fígado está triste, nossos rins estão tristes, nossa pele está triste. O estado emocional de uma pessoa se manifesta de diversas maneiras, especialmente por meio de problemas de saúde. Em geral, essa emoção gera afastamento da situação para não haver mais frustração.

A tristeza pode surgir quando um cliente enfrenta dificuldades financeiras ou pessoais que afetam a capacidade dele de comprar.

Demonstre empatia e compaixão. O profissional de vendas que oferece suporte adicional e soluções flexíveis para ajudar o cliente a superar dificuldades conquista um aliado para toda a vida, pois cria um vínculo emocional forte e inspira confiança e fidelidade.

Amor

Engloba todas as emoções. O amor produz transformações profundas, além da sensação de plenitude e satisfação. É o canal de conexão com aquilo que faz sentido na vida.

Coloque amor em tudo o que você fizer, e você será próspero.

"O amor não consiste em olhar um para o outro, mas em olhar juntos na mesma direção." Essa frase de Antoine de Saint-Exupéry, autor de O *pequeno príncipe*, publicado em 1943,[23] destaca a parceria e o objetivo compartilhado que são fundamentais no verdadeiro amor.

O amor pode se manifestar na forma de lealdade do cliente, quando ele se identifica profundamente com uma marca e seus valores. E construir relacionamentos sólidos com os clientes, baseados em confiança, respeito e cuidado, pode gerar um amor duradouro pela marca e por seus colaboradores.

Ofereça experiências personalizadas e um atendimento de excelência ao cliente, assim você vai cultivar esses sentimentos de amor e fidelidade. Crie experiências inesquecíveis para os seus clientes, crie embaixadores do seu negócio.

Medo

Essa emoção é um mecanismo natural e primitivo de proteção contra perigos reais ou criados pelo inconsciente. É uma emoção extremamente importante para a sobrevivência humana, ela gera criatividade e leva à ação. Essa é, ao mesmo tempo, a pior e a melhor de todas as emoções! Isso porque, muitas vezes, o medo nos impede de seguir em frente, ele nos paralisa.

O medo pode surgir quando um cliente se sente inseguro sobre uma compra ou sobre os benefícios de um produto ou serviço. Assim, é importante fornecer informações claras e transparentes para dissipar os medos do cliente e ajudá-lo a tomar decisões.

Oferecer garantias de satisfação, políticas de devolução flexíveis e demonstrações do produto normalmente ajuda a tranquilizar os clientes e reduzir seus medos naturais e às vezes imprevisíveis.

Você deve estar se perguntando: será que é possível reconhecer e compreender as cinco emoções verdadeiras das quais acabamos de falar? Sim, é possível; mas primeiro você deve ter consciência da importância dessa percepção e do poder que essas emoções exercem sobre os profissionais de vendas todos os dias.

---

[23] SAINT-EXUPÉRY, A. **O pequeno príncipe**. Rio de Janeiro, HarperCollins, 2018.

Para complementar o que abordamos, indico a leitura do livro *Emotional intelligence: why it can matter more than IQ*, de Daniel Goleman.[24] Nele, o autor explora a inteligência emocional, que inclui a compreensão e gestão de emoções. Essa obra fornecerá uma compreensão aprofundada das emoções humanas e de como elas influenciam nosso comportamento e nossas interações. Estou certo de que essa leitura vai ajudar você a aprimorar ainda mais as suas habilidades de comunicação, o que fortalecerá os seus relacionamentos com os clientes e impulsionará o sucesso nos seus negócios.

Sem perceber, muitas vezes a autossabotagem nos afasta das oportunidades que surgem, e precisamos estar atentos todos os dias.

Entendendo essa realidade, precisamos agir, mas de que maneira? Primeiro você deve observar o que pensa, o que fala, como olha, como se posiciona e como reage às situações diversas da sua vida. Leia abaixo a sabedoria do rei Salomão. Cuidado com o que você pensa!

> Tenha cuidado com o que você pensa, pois a sua vida é dirigida pelos seus pensamentos. Nunca fale mentiras, nem diga palavras perversas. Olhe firme para a frente, com toda a confiança. Não abaixe a cabeça, envergonhado. Pense bem no que você vai fazer, e todos os seus planos darão certo. – Provérbios 4:23-26

No capítulo seguinte, vamos trabalhar com três insights para transformar a sua estratégia de vida profissional, na visão de um verdadeiro campeão de vendas! Vamos lá?

Principais aprendizados deste capítulo

- É necessário que você supere os obstáculos invisíveis que impedem a sua realização profissional e, consequentemente, o seu sucesso.

---

[24] GOLEMAN, D. **Emotional intelligence**: why it can matter more than IQ. New York: Bantam, 2005.

- Transforme o momento de raiva em uma oportunidade para fortalecer o relacionamento com o cliente, aumentar a fidelidade à marca e, principalmente, a você.

- Convido você a perceber quão poderoso é entender os sentimentos do cliente e entender os sentimentos do cliente e controlar o que podem causar em nós, algo essencial para se tornar um ícone no seu negócio.

- Ofereça experiências personalizadas e um atendimento de excelência ao cliente, assim você vai cultivar sentimentos de amor e fidelidade.

CAPÍTULO 8

PASSO 4: APROVEITE O TEMPO COM CONSCIÊNCIA

O tempo é igual para todos

"Uma hora hoje vale duas amanhã."
– Thomas Fuller[25]

O tempo é nosso bem mais valioso; mas, muitas vezes, deixamos que ele escorra por entre os dedos sem perceber. Este capítulo é um convite para parar, respirar e escolher conscientemente como gastar cada momento. Não se trata apenas de eficiência, mas de viver com intenção, garantindo que o tempo seja investido no que realmente importa. Quero explorar junto com você como fazer do tempo nosso aliado na busca por uma vida mais plena e significativa.

São três os insights para transformar a sua estratégia de vida:
- Crie consciência: como está a sua vida?
- Organize o tempo analisando suas prioridades.
- Conhecimento é tudo.

A seguir, vamos analisar em detalhes cada um deles. Preparado?

1º insight
Crie consciência: como está a sua vida?
O que aconteceu com aquela criança alegre e bem-humorada, que não tinha medo de brincar e sorrir? E o jovem cheio de sonhos, determinado a mudar o mundo? E aquele romance lindo e inesquecível com a moça que se tornou sua companheira para a vida, com quem teve filhos e constituiu família?

---

[25] FULLER, T. **Gnomologia**: Adagies and Proverbs; Wise Sentences and Witty Sayings, Ancient and Modern, Foreign and British. Washington, D.C.: Imprint Collection (Library of Congress) [1801].

O que houve com aqueles momentos em que o mundo parecia cheio de graça, quando tudo era motivo para risos e carinhos? Não há mais excitação e sabor na vida? Qual foi a última vez que você se aventurou, jogou tudo para o alto e se arriscou sem pensar muito nas consequências?

De repente o mundo pareceu ficar cinza, repleto de responsabilidades e sério demais.

Você se considera uma pessoa feliz? Está verdadeiramente satisfeito com a vida que leva? Sente-se realizado pessoal e profissionalmente? O que falta para você se sentir completo?

Conquistar uma vida plena e feliz é o desejo de todos. No entanto, diversos problemas, obstáculos e a própria rotina atrapalham essa busca. Trabalho estressante, falta de dinheiro, débitos para quitar e problemas familiares afetam nosso humor e a maneira como vivemos e interagimos. Esses altos e baixos são percebidos pelos nossos clientes internos e externos, reduzindo nossa alegria, performance e entrega plena.

Apesar das dificuldades, é possível conquistar a desejada vida plena mediante o equilíbrio nas diferentes áreas da nossa vida: trabalho/carreira, família, lazer e espiritualidade. Todos esses aspectos caminham juntos e influenciam diretamente os resultados uns dos outros. Equilíbrio é a palavra de ordem. Reflita sobre como esses cenários estão dentro de você e se estão criando destruição ou uma nova consciência para a mudança.

2º insight
Organize o tempo analisando suas prioridades

Você também tem os seus momentos a sós? Imagino que sim. É nesses momentos de solitude que encontramos importantes aprendizados e reflexões. Às vezes, me pego pensando sobre o tempo e como melhor utilizá-lo para criar algo especial ou até extraordinário. Acredito que a vida prepara e molda aqueles que querem realizar mais, independentemente do tempo disponível.

Quando me mudei de Porto Alegre para São Paulo, em 1989, não imaginava o quanto passaria a amar esta terra de oportunidades. Observava tudo e todos, tentando entender essa dinâmica competitiva e como fazer diferente para ter uma vantagem. Eu pensava: *Não tenho dinheiro, minha inteligência é mediana. O que posso fazer para me destacar nesta megalópole?*

Refletia que a vida em São Paulo é como uma selva. Se é uma selva e as pessoas dormem por seis horas, eu dormirei quatro; se estudam por quatro horas, estudarei cinco. Se colocam dificuldades, vou criar facilidades em tudo o que me propuser a fazer.

Lembro-me de um professor de Direito Civil e Constitucional, o falecido professor Nelio, um homem severo que falava: "Quem dorme mais de duas horas por noite é um vagabundo." Essa frase sempre me impactou, embora eu precisasse de pelo menos quatro horas de sono. Ainda assim, busquei formas de melhor aproveitar o tempo, com produtividade e eficiência.

E você, como tem administrado suas horas? Imagina seu dia como uma pizza dividida em pedaços?

Todos, independentemente de riqueza, fama ou poder, têm as mesmas 24 horas. Inclusive aqueles que ficam no transporte público, ou ainda no trânsito das grandes cidades por duas ou três horas todos os dias. A diferença entre o sucesso e a mediocridade não está na quantidade de tempo disponível, mas em como utilizamos da melhor maneira esse tempo. Todos temos que dedicar tempo para cuidar da casa, dos filhos, da família, do trabalho, dos projetos pessoais, da leitura, da espiritualidade, dos estudos, do lazer e do entretenimento, responder a e-mails, estar nas redes sociais, cuidar do nosso bem-estar e da saúde. São tantas tarefas que, muitas vezes, ficamos ansiosos e com medo de não dar conta de tudo. E, ao final do dia, pode surgir aquela sensação de impotência por não ter feito tudo o que queríamos.

Uma pessoa organizada, com inteligência emocional e que conhece seu potencial, sabe quanto tempo dedicar a cada tarefa, mantendo o foco. Além disso, é essencial incluir momentos de prazer para garantir que a produtividade se mantenha alta.

A desorganização ou o uso inadequado do tempo pode afetar sua performance e seu controle emocional. A falta de planejamento interfere diretamente em como você investe as 24 horas do dia. E a verdade é que as horas passarão, quer você esteja organizado ou não.

Você deve estar se perguntando: *Como atingir esse equilíbrio organizacional? Quais métodos e estratégias posso usar para criar uma autogestão eficaz?* Comece compreendendo sua realidade. Vamos analisar a pizza do tempo, como era e como está agora.

PIZZA DO TEMPO
COMO ERA?

- TRABALHO
- DESCANSO NOTURNO
- E-MAIL
- TV ABERTA 10 CANAIS
- CELULAR
- TEMPO EM FAMÍLIA
- SAÚDE E 1 ATIVIDADE FÍSICA
- ESCOLA / FACULDADE
- VIDA SOCIAL E LAZER
- JORNAIS E REVISTAS

24 HORAS

PIZZA DO TEMPO
COMO ESTÁ?

- **TRABALHO = CARREIRA**
  TRABALHO
- DESCANSO NOTURNO
- **MUITOS E-MAILS**
  E-MAIL
- **TV FECHADA + 400 CANAIS**
  TV ABERTA 10 CANAIS
- **WHATSAPP, INSTAGRAM, LINKEDIN, FACEBOOK, YOUTUBE**
  CELULAR
- **JOGOS: X-BOX, PLAYSTATIONS, ON-LINE**
  TEMPO EM FAMÍLIA
- **SAÚDE E 3 ATIVIDADES FÍSICAS**
  SAÚDE E 1 ATIVIDADE FÍSICA
- **PÓS-GRADUAÇÃO, MBA, OUTRAS LÍNGUAS**
  ESCOLA / FACULDADE
- **ESTREIAS NO CINEMA**
  VIDA SOCIAL E LAZER
- **CANAIS DE NOTÍCIAS**
  JORNAIS E REVISTAS

24 HORAS

A qual conclusão você chegou? Alguma coisa mudou? Sem dúvida. Temos muito mais coisas para fazer hoje, o que nos dá a sensação de que o tempo diminuiu. Mas, eu garanto, ele continua o mesmo.

PASSO 4: Aproveite o tempo com consciência

Quero ajudá-lo com um método simples para organizar seu dia e sua semana. Gosto de usar a Matriz Eisenhower, uma ferramenta de gestão de tempo que prioriza tarefas com base em sua importância e urgência. Com ela, você define o que deve ser feito imediatamente, o que pode ser deixado para depois, o que pode ser delegado e o que pode ser descartado. Essa ferramenta é prática e vai melhorar sua organização, aumentando a produtividade nas atividades diárias. Planejar suas tarefas beneficiará sua produtividade e permitirá que você dedique mais tempo ao que é realmente importante.

Ouço com frequência, nas empresas que visito: "Ben, mudei de profissão duas vezes esta semana; agora sou bombeiro, vivo 'apagando incêndios', ou corredor, porque vivo 'correndo' atrás." Cuidado para não passar o dia apenas resolvendo urgências. É altamente estressante e afeta diretamente a sua qualidade de vida.

Bem, vamos praticar este insight. Convido você a realizar a seguinte tarefa:

> Quero lhe dar uma dica que funciona superbem comigo, vou mostrar como faço para organizar o meu dia. Pegue o seu caderno de anotações ou notebook e tome nota da agenda de atividades do dia e se possível de toda a semana. Comece listando suas tarefas como um check-list e, então, estabeleça as prioridades, ou seja, quais são as mais importantes e urgentes dentre elas. É importante definir a hora de início e término dessa lista de tarefas. Em seguida, você deverá pensar em como colocar as mãos na massa e agir para ter sucesso nos andamentos da sua agenda.
>
> É importante começar planejando o seu dia, depois a sua semana e depois, mais adiante, o seu mês. Tome como exemplo a Matriz Eisenhower que preparamos a seguir.

Matriz Eisenhower no trabalho (possíveis exemplos)

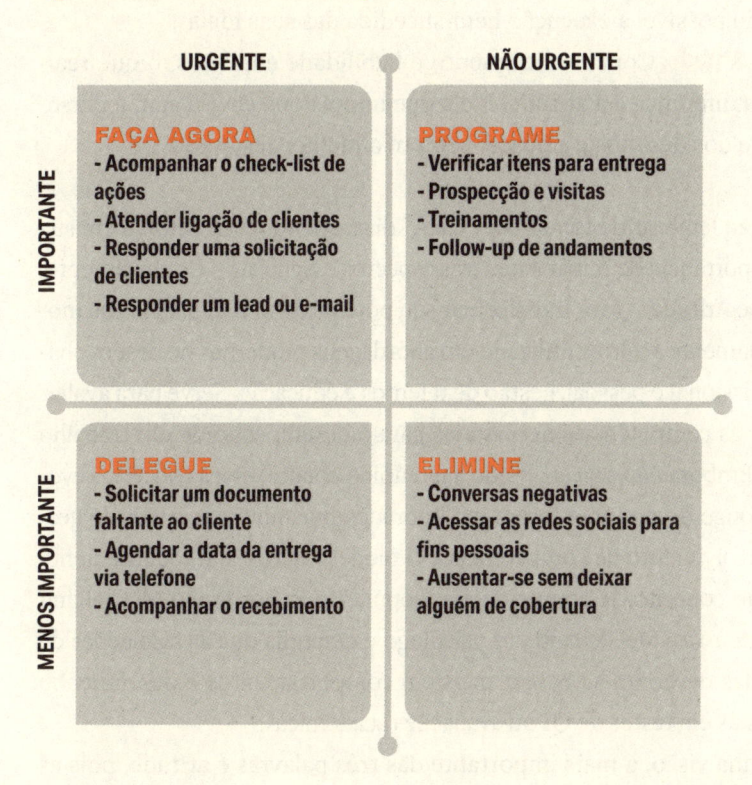

	URGENTE	NÃO URGENTE
IMPORTANTE	**FAÇA AGORA** - Acompanhar o check-list de ações - Atender ligação de clientes - Responder uma solicitação de clientes - Responder um lead ou e-mail	**PROGRAME** - Verificar itens para entrega - Prospecção e visitas - Treinamentos - Follow-up de andamentos
MENOS IMPORTANTE	**DELEGUE** - Solicitar um documento faltante ao cliente - Agendar a data da entrega via telefone - Acompanhar o recebimento	**ELIMINE** - Conversas negativas - Acessar as redes sociais para fins pessoais - Ausentar-se sem deixar alguém de cobertura

3º insight
Conhecimento é tudo

Inicio este insight com a frase de Francis Bacon, filósofo e político inglês: "Conhecimento é poder", e com a sabedoria contida em Provérbios 4:6: "Não abandone a sabedoria, e ela o protegerá; ame-a, e ela cuidará de você."

Lembre-se de tomar CHÁ todos os dias. Tomar CHÁ vai ajudar você a cumprir o que planejou. É que C.H.A. é um acróstico para:

- **C de Conhecimento:** O ponto de partida de toda realização. É por meio do conhecimento que você compreende, planeja e inova. Sem ele, não há base sólida para o crescimento.

- **H de Habilidade:** O conhecimento por si só não basta; ele deve ser aplicado de forma eficaz. A habilidade é o que transforma a teoria em prática, tornando possível a execução bem-sucedida das suas ideias.
- **A de Atitude:** Com conhecimento e habilidade em mãos, o que realmente faz a diferença é a atitude. É ela que impulsiona você a agir, a perseverar diante dos desafios e a buscar sempre o melhor resultado.

Assim, ao lembrar de tomar seu "CHÁ" diariamente, você reforça em sua mente a importância de nutrir estes três aspectos essenciais – Conhecimento, Habilidade e Atitude – para transformar seu potencial em realidade. Esse modelo é amplamente aceito e utilizado em abordagens modernas de desenvolvimento profissional e pessoal, gestão de talentos e educação. Serve para avaliar e descrever as competências necessárias para o desempenho de um trabalho ou função. Embora não seja atribuído a um único criador, esses conceitos evoluíram ao longo do tempo e foram incorporados por muitos teóricos de gestão e desenvolvimento de competências. O modelo "CHÁ" é frequentemente associado ao conceito de competências, popularizado por David McClelland na década de 1970. McClelland era psicólogo e defendia que as avaliações de competências deveriam se basear mais em comportamentos e desempenho do que apenas em testes de QI ou avaliações acadêmicas.

Na minha visão, a mais importante das três palavras é atitude, pois as demais – conhecimento e habilidade – só serão conquistadas por meio da atitude. Conhecimento e habilidade são fundamentais, mas é a atitude que leva à ação, sem espaço para desculpas.

Tarefa

Dedique trinta minutos do seu dia para aprender algo novo. Coloque na agenda do seu celular um horário com o nome "Eu sou Protagonista", para avisar a hora para a ação. Depois, aumente esse tempo para uma hora. Há diversas formas de aprendizado à sua disposição, encontre aquela que seja mais adequada ao seu ritmo e estilo de vida. Você deve se sentir à vontade para gerar maior retenção do conhecimento.

Uma pergunta frequente que recebo é onde encontrar conteúdo de crescimento profissional. Quero ajudar você a perceber onde estão as oportunidades.

Assim, liste a seguir onde você pode encontrar tais fontes de conhecimento e qual o melhor horário para consumir esse conteúdo.

_____

_____

_____

_____

Algumas ideias:

1. Se estiver no carro, no trânsito ou no transporte público, em vez de ouvir música ou notícias, ouça podcasts e aulas. Se não estiver dirigindo, use fones para não perturbar as outras pessoas.

2. Em casa, realize cursos on-line, pagos ou gratuitos. Procure sempre tomar nota daquilo de que você mais gostou no seu caderno ou tablet.

3. Assista a vídeos de conteúdos no YouTube, como o canal *Café com Ben*.

4. Leia livros e e-books gratuitos e pagos.

Repita em alto e bom som: "Eu sou diferenciado! Eu mereço conhecer e saber mais!"

Eu acredito na educação formal oferecida em universidades, MBAs e cursos técnicos – são muito importantes para o desenvolvimento pessoal e profissional. Mas às vezes nos apegamos à ideia de que é algo que exige muito tempo e dinheiro e que, portanto, é inviável. Não se autossabote! Veja quais desses caminhos cabem em sua rotina e seu orçamento.

Aproveite também as facilidades de acesso a conteúdos incríveis e com preço acessível (muitos deles gratuitos) na internet. Pesquise! Há muitas fontes de onde você pode beber conhecimento.

Essa atitude auxiliará você a se tornar um profissional inspirador e exclusivo. E é isso o que estamos buscando aqui, certo?

No próximo capítulo, vamos explorar os hábitos diários que podem catalisar uma transformação em nós. Descobriremos como pequenas ações consistentes são capazes de moldar nosso destino e nos aproximar dos nossos objetivos. Também vamos aprender a cultivar hábitos que sustentam nossa fé, fortalecem nossa resiliência e nos mantêm focados no caminho do sucesso. Prepare-se para adotar práticas que transformarão não apenas sua rotina, mas toda a sua vida!

Principais aprendizados deste capítulo

Acabamos de conhecer os três insights para você transformar a sua vida para melhor! Acredite, eles são reais:

- 1º insight – Crie consciência: como está a sua vida?

- 2º insight – Organize o tempo analisando suas prioridades.

- 3º insight – Conhecimento é tudo.

Jornada 5:
Aproveitando o tempo com consciência

Gerencie seu tempo de modo consciente e eficaz. Descubra, nesta jornada, como ser produtivo sem abrir mão do equilíbrio e do propósito. Seu tempo é valioso, aproveite-o!

https://qrco.de/bengeder8

CAPÍTULO 9
PASSO 5: OS HÁBITOS QUE TRANSFORMAM

Fugindo da autossabotagem para subir de nível

"Se te mostrares frouxo no dia da angústia, a tua força será pequena."

– Provérbios 24:10

Nos últimos anos, tenho estudado muito sobre neurociência, uma incrível e poderosa ciência de transformação do comportamento humano. Aproveito para agradecer à Dra. Rosana Alves, neurocientista brasileira cujos estudos abordam como obter a alta performance do nosso cérebro por intermédio de novos hábitos – tema principal deste capítulo.

Entender como os processos neurológicos influenciam o comportamento do consumidor e as próprias habilidades de vendas pode ajudar os profissionais a desenvolverem estratégias mais eficazes, aprimorando seus hábitos de vendas e, assim, transformando ações comuns em experiências, com o devido planejamento.

É importante entendermos que, apesar de o nosso cérebro ser capaz de aceitar todos os tipos de desafios impostos a ele, é um pouco "preguiçoso". Ele deseja facilidade, sem gastar energia, ou seja, ficar somente nas necessidades básicas existenciais. Assim, não é tão simples fazer com que o cérebro faça algo novo, que exija esforço.

Segundo os estudo da Dra. Rosana Alves,[26] o repertório prazeroso do nosso cérebro se divide em seis atividades básicas que, geralmente, estão ligadas a comportamentos recompensadores:

Atividade sexual

Prazer e reprodução: O sexo não apenas é crucial para a reprodução, mas também libera neurotransmissores, como a dopamina, e hormônios, como

---

[26] ALVES, R. **A neurociência da felicidade**. Rio de Janeiro: MK Books, 2019.

a ocitocina, que promovem sentimentos de prazer e conexão. Isso naturalmente torna o sexo uma atividade desejada.

Ganhar dinheiro
Segurança e recursos: Dinheiro é um meio para adquirir recursos e segurança. Neurologicamente, ganhar dinheiro pode ativar o sistema de recompensa do cérebro, liberando dopamina, o que nos faz sentir bem e nos motiva a continuar buscando mais.

Dormir bastante
Restauração e saúde: O sono é essencial para a saúde física e mental. Durante o sono, o corpo repara tecidos, consolida memórias e processa informações. A privação de sono pode desregular esses processos, enquanto um sono adequado contribui para o bem-estar geral.

Comer para se fartar
Satisfação e sobrevivência: Comer não apenas fornece energia necessária para a sobrevivência, mas alimentos, especialmente os ricos em gorduras e açúcares, podem estimular o sistema de recompensa do cérebro, causando uma sensação de prazer.

Viver o entretenimento
Escape e estímulo: Atividades como jogar videogame e assistir a futebol ou filmes podem oferecer uma fuga da realidade diária, além de estímulos visuais e emocionais que mantêm o cérebro engajado e frequentemente liberam dopamina, aumentando o prazer.

Ajudar o próximo
Conexão e empatia: Ajudar os outros pode ativar áreas do cérebro associadas ao prazer. Ações altruístas frequentemente resultam em uma sensação de satisfação pessoal por meio da ocitocina e podem fortalecer laços sociais, sendo cruciais para a sobrevivência em comunidade.

Essas atividades são fundamentais para a sobrevivência individual e da espécie, além de contribuírem para a qualidade de vida, incentivando comportamentos que são reforçados tanto biológica quanto socialmente.

Esse pequeno repertório de prazer do cérebro é o responsável por ativar todo o sistema de recompensas, que nos lança a realizar automaticamente essas atividades básicas. Já as atividades mais complexas, como estudar, aprender uma nova língua, praticar atividade física regularmente, fazer dieta, alimentar-se de modo mais saudável, resolver problemas, o nosso cérebro não quer fazê-las, pois não são reconhecidas por ele como uma daquelas atividades básicas.

E é com relação às atividades complexas que devemos ter atenção redobrada, elas devem ser planejadas. Caso contrário, não as faremos. Por exemplo, se você planejou começar a correr 3 km na próxima segunda-feira, é essencial que prepare tudo com antecedência. Coloque o despertador para tocar mais cedo e posicione-o longe de você, prepare suas roupas, seus tênis e uma garrafinha de água já cheia. É fundamental ter uma estratégia; sem isso, você estará apenas competindo com o desejo de permanecer confortável em sua cama, atendendo a uma "necessidade básica" de dormir mais e poupar energia.

Portanto, aquilo que você decide adiar, o que não faz imediatamente conforme planejado, transforma-se em um comando interno de "não é importante".[27] Isso pode ser adiado para o futuro e, infelizmente, muitas vezes acaba por não acontecer. Se você diz que é importante, mas sempre adia para começar na próxima segunda-feira, ou no próximo mês, não está contradizendo suas próprias palavras? Então, se planejou, é imperativo que execute. Não deixe para depois!

Recebo depoimentos de diversas pessoas e profissionais de vendas que inicialmente resistiam à ideia de adotar novos hábitos positivos na sua profissão, por exemplo, criar uma agenda de prospecção diária de novos leads realizando muitos "Docinhos de Coco",[28] e também de aquecimento de clientes da sua carteira, ou ainda fazer uma recepção especial e exclusiva no

---

[27] CLEAR, J. **Hábitos atômicos**. São Paulo: Alta Life, 2019.

[28] "Docinho de Coco" é o nome de uma dinâmica do Método Arena de Vendas© para convidar clientes para comprar. (N. A.)

showroom, mas não é somente no mundo das vendas, mas na sua vida pessoal também. Muitos relataram que não queriam começar atividades como correr ou ter uma alimentação mais saudável. No entanto, após adotarem esses novos hábitos e experimentarem as recompensas dessas atividades, mudaram completamente de opinião.

Essa mudança se deve a uma característica especial do nosso cérebro: a capacidade de ativar o sistema de recompensas, liberando hormônios que nos dão sensação de prazer. Esse mecanismo, potencializado pelo cumprimento de tarefas programadas, acaba também fortalecendo um senso de sobrevivência e propósito. Assim, um comportamento que antes não era associado ao prazer, após a repetição e a gratificação, passa a ser. É tudo uma questão de persistência e resiliência. Nosso cérebro eventualmente encontra prazer em novas atividades, e é por isso que é possível adotar novos hábitos.

Assim, percebemos que ter motivação é uma realidade um pouco mais complexa e desafiadora. É preciso ter cuidado para não cair nas armadilhas do próprio cérebro. Entenda: a iniciativa para transformar sua motivação deve partir de você mesmo. Planeje e racionalize suas metas, seus objetivos, e então avance para a ação, independentemente dos obstáculos ou barreiras que seu cérebro possa criar em seu caminho.

Cuide da sua autoestima

A percepção de nós mesmos, a partir do nosso modo de agir e pensar, é o que gera sentimentos de inferioridade ou superioridade, autocrítica, autocensura, narcisismo ou egoísmo. Todas essas características influenciam diretamente em nossas experiências, nosso bem-estar e nossa qualidade de vida pessoal e profissional. Os clientes desejam ser atendidos por profissionais confiantes e que sabem conduzir o processo da venda. Eles realizam a melhor oferta e propõem condições de acordo com o perfil identificado do cliente.

Você se lembra da história da rainha Ester, que contei no Capítulo 6? A rainha, por exemplo, teve que cuidar da sua autoestima e das barreiras impostas naquela época. Ela precisou se posicionar, mostrar o seu valor mediante uma posição de respeito e autoridade; teve de deixar de lado os seus medos e suas neuras para conquistar atenção e valor na sua reivindicação para proteger o seu povo.

Um hábito poderoso que deve ser cultivado todos os dias é uma autoestima forte e inspiradora. O motivo é que pessoas com autoestima elevada costumam ser mais resilientes em situações adversas. Afinal, acreditam em seu próprio potencial, descobrem todos os dias a raridade que entregam.

Para ajudar você a melhorar a sua autoestima, listo a seguir oito atitudes fundamentais para alcançar esse objetivo.

Atitude 1: Comece agradecendo a Deus

No mundo das vendas, começar o dia com gratidão a Deus pode transformar sua perspectiva. Ao valorizar o bem ao seu redor, você fortalece sua confiança e adota uma mentalidade positiva, o que reflete diretamente em suas interações com clientes e nos resultados que você alcança. A gratidão o ajuda a ver oportunidades e a agir com mais empatia e determinação, impulsionando suas vendas, acredite!

Atitude 2: Elimine a culpa[29]

No cenário de vendas, a culpa pode minar sua confiança e afetar seu desempenho. Se você se prende a erros do passado ou a resultados que não atingiram suas expectativas, isso pode criar um ciclo de baixa autoestima. Liberte-se desse peso, reconhecendo que cada momento oferece uma nova chance de agir e melhorar. Ao deixar a culpa para trás, você se torna mais leve e focado, capaz de se adaptar e criar novas oportunidades de sucesso.

Atitude 3: Confie em si mesmo

Não espere dos outros a motivação necessária para agir e sair do lugar. Para vender, a confiança em si é essencial. Não espere que outros o motivem; busque dentro de si e na fé a força para acreditar no seu sucesso. Quando você confia nas suas habilidades e decisões, sua mente se alinha com seus objetivos, facilitando o caminho para alcançar grandes resultados. Acredite em seu potencial e deixe essa confiança guiar suas ações.

---

[29] Filme "Coach Carter" | O filme é baseado na história real de Ken Carter, um treinador de basquete do ensino médio em Richmond, Califórnia.

Atitude 4: Seja mais compassivo com seus erros

Não foi desta vez? Não deixe que um erro cometido seja a razão para que você desanime. Você deve ficar triste de não ter tentado, e não por ter errado. Se você consegue perdoar as pessoas que o magoam, você precisa perdoar a si mesmo também. Desenvolver um olhar compassivo para as suas fraquezas vai fazer você viver melhor e errar menos.

Atitude 5: Não se compare com os outros

No ambiente competitivo das vendas, é fácil cair na armadilha de se comparar com os outros, especialmente nas redes sociais. No entanto, cada vendedor tem sua própria jornada e desafios únicos. Comparar-se excessivamente pode desviar o foco e minar a confiança. Em vez disso, concentre-se em suas próprias metas e no que realmente lhe faz bem. Lembre-se: seu sucesso é único e não depende de superar os outros, mas de alcançar o que é significativo para você. Quando falamos de vida, de pessoas, não existe base de comparação: faça o que lhe faz bem.

Atitude 6: Entenda o que funciona para você

O que faz você se sentir mais autoconfiante? Além de vender muito, é claro. Vestir-se bem, usar boa maquiagem e estar perfumado é fundamental para quem vive de vendas. E praticar exercícios físicos? Aprender algo novo? Fazer alguma atividade em que você já tem domínio? Estar mais próximo de um grupo específico de atividades (corrida, musculação, dança, off-road, bike, leitura, vinhos, estética etc.)? Praticar serviço social em comunidades carentes? Encontre o que funciona para você e mergulhe fundo nessa atividade.

Atitude 7: Comemore as suas vitórias

Tenho certeza de que a sua vida não foi feita só a partir de erros e fracassos. O fato de você existir e estar vivo já é uma vitória digna de ser comemorada todos os dias. Celebrar as pequenas vitórias produzirá dopamina, que, como já vimos, é o hormônio do prazer e da realização. Assim, faça com que cada nova pequena conquista – como um agendamento com um novo possível cliente, um telefonema amistoso, ou ainda a meta ou o objetivo alcançado – seja um impulso positivo, prazeroso e alegre para levar você em direção ao equilíbrio físico e emocional.

Atitude 8: Viva no presente

Viva o agora. Focar o presente é fundamental em vendas. O que importa não é o que já passou ou o que ainda está por vir, mas o que você pode fazer agora para fortalecer sua confiança e aproveitar as oportunidades do momento. Viver o presente permite que você se concentre no que realmente está ao seu alcance, tornando cada ação mais intencional e poderosa. Lembre-se: o agora é o melhor presente que você pode se dar para alcançar sucesso e satisfação.

Não importa o que já foi feito ou o que irá acontecer. O que você pode fazer neste momento para ser mais confiante e se alegrar mais por você mesmo? Viver o presente é o melhor presente que você pode dar a si mesmo hoje.

A autoestima é como uma flor que precisa ser regada e cuidada todos os dias. Depois que você começa a fornecer água e os nutrientes necessários, ela cresce, frutifica e se espalha por toda a sua vida de forma positiva. Comece a alimentar esse cuidado com o presente e perceba como tudo fica mais simples e bonito.

Se essa inimiga cruel chamada baixa autoestima estiver afetando você, considere procurar também a ajuda de um terapeuta ou conselheiro para encontrar o seu verdadeiro valor. Nunca é tarde para buscar ajuda e inspiração de profissionais que sabem como tratar a nossa inteligência emocional.

Lembre-se: autoestima é algo que se constrói com o tempo, e mudanças pequenas, porém consistentes, podem levar você a realizar grandes conquistas profissionais e pessoais com muito menos esforço, liberando seu verdadeiro potencial que, antes, parecia não existir.

Para finalizar, gostaria de trazer outros poderes que, assim como ter boa autoestima, o ajudarão tremendamente:[30]

---

[30] DWECK, C. S. **Mindset**: a nova psicologia do sucesso. São Paulo: Objetiva, 2017.

Poder 1 – Aceite e valorize as suas qualidades. Você conhece de fato as suas qualidades e habilidades? Que tal um desafio? Convido-o a escrever agora essas qualidades. Lembre-se delas quando estiver se sentindo inseguro ou desanimado.

Poder 2 – Não aceite os pensamentos negativos. Quando surgirem pensamentos autodestrutivos, desafie-os com evidências reais das suas conquistas e qualidades, ou seja, relembre as provas sociais das suas conquistas.

Poder 3 – Afirmações positivas todos os dias. Use afirmações positivas para reforçar a confiança em suas habilidades e seu valor.

Poder 4 – Atividade física consistente. A atividade física como hábito melhora a nossa vida em diversos ambientes, porque produzimos hormônios que trazem alegria, disposição e energia, além de melhorar a nossa imagem corporal, autoestima e saúde.

Poder 5 – Hobbies e interesses pessoais. Você gosta de cuidar de plantinhas, pets, fazer pintura, artesanato, música ou ainda cozinhar? Engaje-se em atividades que você gosta de realizar e que lhe darão um senso de prazer por realizá-las.

Meu leitor, as suas conquistas diárias têm um poder inestimável no seu presente. Comemore-as, mesmo que sejam pequenas aos seus olhos. O nosso cérebro adora receber recompensas e positividade, então mãos à obra! Faça a sua gestão pessoal, se autoconheça, gerencie o seu tempo, realize muitas vendas, cuide da sua família e, sobretudo, de sua autoestima diariamente, com hábitos poderosos que farão o seu futuro promissor e cheio de conquistas!

Principais aprendizados deste capítulo

- Conhecer como funciona o nosso cérebro pode nos ajudar a melhorar a performance em vendas.

- Há seis atividades básicas ligadas a comportamentos prazerosos ou recompensadores em nosso cérebro:
    - 1. Fazer sexo = prazer e reprodução.
    - 2. Ganhar dinheiro = segurança e recursos.
    - 3. Dormir bastante = restauração e saúde.
    - 4. Comer para se fartar = satisfação e sobrevivência.
    - 5. Viver o entretenimento = escape e estímulo.
    - 6. Ajudar os outros = conexão e empatia.

- Cuide da sua autoestima desenvolvendo oito atitudes:
    - Atitude 1. Comece agradecendo a Deus.
    - Atitude 2. Elimine a culpa.
    - Atitude 3. Confie em si mesmo.
    - Atitude 4. Seja mais compassivo com seus erros.
    - Atitude 5. Não se compare com os outros.
    - Atitude 6. Entenda o que funciona para você.
    - Atitude 7. Comemore as suas vitórias.
    - Atitude 8. Viva no presente.

CAPÍTULO 10

PASSO 6: SAIA DA MATRIX

Hoje é o primeiro dia!

"Cedo ou tarde você vai aprender, assim como eu aprendi, que há uma diferença entre conhecer o caminho e percorrer o caminho."
– Morpheus[31]

Na realidade ilusória apresentada no filme *Matrix*, a maioria das pessoas vive em uma realidade simulada, sem perceber que estão presas em um sistema (a Matrix) que controla suas vidas. Então, é um mundo com princípios manipulados, que não permite às pessoas verem que o mundo real foi destruído por uma catástrofe.

Sabia que essa história pode ser relacionada a uma história bíblica? Quero conversar com você um pouquinho sobre isso.

A realidade da escravidão

Os israelitas viviam como escravos no Egito, sofrendo sob a opressão do faraó. Presos a uma vida de servidão, dor e sem perspectiva de liberdade, levavam uma vida amarga e dura (Êxodo 1:13-14).

Nessa conhecida história cristã, Moisés é o protagonista. Criado como um príncipe egípcio, na idade adulta ele descobriu sua verdadeira ascendência israelita. Apesar de relutar em aceitar sua origem humilde e perseguida, após um encontro com Deus na sarça ardente Moisés foi escolhido para libertar seu povo da escravidão (Êxodo 3:10).

Deus, por intermédio desse homem, enviou dez pragas ao Egito, desafiando os deuses egípcios e demonstrando seu poder. Essas pragas

---

[31] MATRIX. Direção: The Wachowskis. EUA: Warner Bros., 1999. Vídeo (136 min). Disponível em: www.netflix.com. Acesso em: 14 ago. 2024.

revelaram a fragilidade do Egito, quebrando a ilusão de seu poder absoluto (Êxodo 7:4-5).

Após a última praga, a morte dos primogênitos, o faraó finalmente permitiu que os israelitas saíssem do Egito. No entanto, logo enfrentaram um novo desafio ao serem perseguidos pelo exército egípcio até o Mar Vermelho (Êxodo 14:21-22). Quando enfim o atravessaram, iniciou-se a jornada de transformação dos israelitas no deserto. Enfrentando dificuldades e tentações, eles frequentemente questionavam a decisão de deixar o Egito. Na verdade, deveriam aprender a confiar em Deus, que os guiava com uma coluna de nuvem de dia e uma coluna de fogo à noite (Êxodo 13:21-22).

Perceba o paralelo entre a escravidão no Egito e a realidade da Matrix, onde as pessoas viviam inconscientes de sua verdadeira condição. Assim como na Matrix, os israelitas estavam presos, alheios à possibilidade de uma vida livre.

Moisés, escolhido por Deus para esse desafio, é semelhante a Neo. Ambos tiveram que despertar para sua verdadeira identidade e missão antes de libertar seu povo. No caso de Moisés, as pragas no Egito foram uma série de eventos que desafiaram a percepção de poder do faraó, quebrando a ilusão de invencibilidade do Egito. Da mesma forma, Neo e os rebeldes desafiam e expõem a verdadeira natureza da Matrix.

Quando os israelitas decidiram seguir Moisés para fora do Egito, eles escolheram a liberdade e suas consequências, assim como Neo escolheu tomar a pílula vermelha. Ambas as escolhas levaram a uma jornada de descoberta e libertação, enfrentando desafios e muitas provações.

Assim como a jornada dos israelitas pelo deserto simboliza a transformação necessária para alcançar a Terra Prometida, o caminho do vendedor também é uma jornada de crescimento e aprendizado. No filme *Matrix*, Neo precisa passar por treinamentos e enfrentar desafios para se tornar o salvador da humanidade. Da mesma forma, um vendedor deve enfrentar obstáculos, aprender com cada experiência e se aprimorar constantemente para alcançar o sucesso.

Essas narrativas, tanto na história bíblica quanto na ficção, destacam temas universais que se aplicam diretamente às vendas: a luta entre estagnação e progresso, a importância de descobrir e revelar verdades fundamentais sobre o mercado, tomar decisões que transformam sua abordagem, e embarcar em uma jornada contínua de evolução para alcançar um novo patamar de excelência.

"Acorde, Neo."[32]

Escrita em letras verdes em movimento na tela de um computador que bem poderia estar em um museu hoje, essa frase abre o clássico filme *Matrix* e serve como um chamado ao despertar, não apenas para Neo, mas para nós todos, em 1999.

Mais que um sucesso de bilheterias, que transformou Keanu Reeves em um astro e gerou três continuações, *Matrix* fez o público refletir. Por trás das roupas de couro, das cenas de ação e do herói que desvia de balas, o filme foi pioneiro em pensar nas transformações que a recém-criada internet começava a provocar.

Como o personagem de Keanu Reeves, todos em 1999 queriam saber o que era a Matrix e o quanto daquilo era pura fantasia ou uma assustadora revelação do nosso futuro.

Hoje, esse futuro chegou, e as profecias de *Matrix* são mais atuais do que nunca, especialmente com o avanço da inteligência artificial.

Talvez você esteja se perguntando o que tudo isso tem a ver com vendas. Vou explicar.

Na vida das vendas, a Matrix, assim como no filme, está por todo lado. Ela nos rodeia em todos os lugares como clientes ou como vendedores. Você pode vê-la quando olha pela janela ou quando toma um café na cafeteria do prédio onde você trabalha. Pode sentir isso quando entra em uma loja no shopping, quando vai a um restaurante e é mal atendido, quando fica mais de uma hora ao telefone para conseguir uma informação, aguardar horas pelo médico que atrasou a sua consulta, quando tem que levar o seu carro para refazer o serviço mal-executado, quando tem que ligar cobrando uma informação que prometeram enviar em minutos, afinal o cliente é um

---

[32] ASSIS, D.; SACHS, R. Acorde! O que a Matrix ensina sobre nós e o mundo em que vivemos, **Rockensina**, 10 set. 2021. Disponível em: https://www.rockensina.com.br/blog/matrix-autoconhecimento-filme-ensina/ Acesso em: 29 out. 2024.

"caroço que não ia comprar mesmo", é o "chato que quer tudo na hora, só reclama, está apenas atrás de desconto e nada mais". Enfim, é o mundo que foi colocado diante dos seus olhos para cegá-lo da verdade.

Agora, troque a Matrix do filme pelo "modelo mental de atendimento em que vivemos", e me diga se não é verdade que ele está em todo lugar, em tudo que nos rodeia: na loja, na padaria, na concessionária, no consultório médico, nos mais diversos tipos de prestação de serviço, no seu trabalho e em vários lugares onde existe uma relação comercial.

Na vida de um vendedor, há uma espécie de Matrix composta por percepções e crenças sobre o mercado, os produtos e também sobre os clientes. Infelizmente, muitos vendedores vivem e trabalham sob essas percepções equivocadas sem questioná-las, aceitando obstáculos e limitações sem desafiar o status quo.

O escolhido e o vendedor de sucesso

Neo, o protagonista do filme, era uma pessoa comum, um programador, que, ao tomar a pílula vermelha, desperta para a verdadeira realidade. Ele descobre seu potencial e luta para libertar os outros da ilusão da Matrix.

Um vendedor de sucesso muitas vezes passa por um "despertar do seu potencial"[33] semelhante ao de Neo no filme. Ele percebe que as limitações e os padrões impostos pelo mercado são ultrapassados e devem ser mudados urgentemente. E, ao entender melhor o comportamento e a mente dos clientes e a variável dinâmica nas vendas, consegue enxergar além das barreiras aparentes e encontrar novas oportunidades, gerando muitas experiências e negócios.

Morpheus: o mentor

O mentor acredita no potencial de Neo e o provoca para guiá-lo em sua jornada de descoberta. Ele fornece a revelação, o conhecimento e o treinamento, a fim de preparar o protagonista para enfrentar desafios e descobrir sua verdadeira capacidade e seu potencial.

---

[33] MANDINO, Og. **O maior vendedor do mundo:** um livro que poderá mudar a sua vida. Rio de Janeiro: Record, 1978.

Assim como Morpheus, os mentores e líderes de vendas desempenham um papel crucial na vida dos seus liderados e alunos. Eles compartilham conhecimento, técnicas e estratégias, ajudando os novos vendedores e os vendedores de carreira a desenvolver novas habilidades e a acreditar em seu próprio potencial para assim sair da Matrix. A orientação de um mentor pode ser a chave para transformar um vendedor comum em um verdadeiro campeão de vendas.

As máquinas e os obstáculos

Os inimigos invisíveis na Matrix são as máquinas que controlam a realidade, e elas precisam ser derrotadas para Neo e os seus amigos alcançarem a liberdade.

Os inimigos e obstáculos no mundo das vendas são as objeções, as diferentes personalidades de clientes, a concorrência acirrada, a disputa por preços, a resistência dos clientes e as metas desafiadoras. Um vendedor deve aprender a identificar e superar esses obstáculos, utilizando estratégia, persistência, habilidade e inteligência emocional.

A escolha da pílula certa

No filme existiam duas pílulas, uma azul e a outra vermelha. A azul significava manter o status quo, ou seja, se Neo escolhesse tomar essa pílula, tudo continuaria como estava. Já a pílula vermelha representava a escolha de enfrentar a verdade da mudança, por mais difícil que fosse, e buscar um entendimento da realidade mais profundo e libertador.

A escolha do vendedor de sucesso para sair da Matrix deve ser a "pílula vermelha", que é a decisão de se comprometer com a necessidade urgente da mudança, por meio de aprendizado contínuo, inovação e melhoria constante das suas habilidades e percepções.[34] É a escolha de enfrentar desafios de frente, buscar novas técnicas e se adaptar a um mercado cada vez mais exigente, dinâmico e em constante mudança.

---

[34] FERREIRINHA, C. **O paladar não retrocede**. São Paulo: DVS, 2019.

"Hoje é o primeiro dia!"

Essa frase me faz lembrar de um grande amigo e cliente, Oswaldo Zalewska. Em todo evento, ele a repetia. E, então, as pessoas comentavam: "Mas hoje já é o quarto dia de evento. Como assim, é o primeiro dia?".

Estas foram as sábias palavras de Oswaldo, "Hoje é o primeiro dia!", ele sempre estava alerta para não nos deixar entrar em stand-by, ou seja, o nosso estado mental de economia de energia – aquela velha conhecida zona de conforto, na qual agíamos como se não precisássemos aprender mais nada e tudo estivesse muito bom.

Mas a verdade é que precisamos viver cada dia como se fosse o primeiro. E quero convidar você a viver o primeiro dia em tudo o que fizer. Quero convidá-lo a sair da sua zona de conforto, que o arruinará. Não permita que esse modelo mental de comodismo o leve a não cuidar dos detalhes e diferenciais que os clientes esperam de você.

Assim como Neo na Matrix, um vendedor bem-sucedido precisa despertar para a verdadeira natureza do mercado de sua atuação e dos clientes, superar obstáculos aparentes e, com o apoio de mentores, descobrir e utilizar todo o seu potencial. A jornada do vendedor é uma busca contínua por crescimento, conhecimento e sucesso em um mundo repleto de desafios e oportunidades.

No próximo capítulo, vamos conhecer uma arte, uma filosofia de vida incrível e transformadora da cultura japonesa. Esses princípios e valores, que foram forjados por milênios e construíram uma sociedade resiliente, organizada, disciplinada e especializada em servir e não em ser servido, vão ajudá-lo na sua jornada rumo ao sucesso.

Principais aprendizados deste capítulo

- Como Moisés, às vezes relutamos em aceitar a nossa realidade. Esse homem, ao aceitar a sua verdadeira história, teve um encontro com Deus na sarça ardente e foi escolhido para libertar seu povo da escravidão no Egito.

- Na vida de um vendedor, há uma espécie de Matrix composta por percepções e crenças sobre o mercado, os produtos e os clientes.

Infelizmente, muitos vendedores vivem e trabalham sob essas percepções equivocadas sem questioná-las, aceitando obstáculos e limitações sem desafiar o status quo.

- Um vendedor de sucesso muitas vezes passa por um "despertar do seu potencial" semelhante ao de Neo no filme. Ele percebe que as limitações e os padrões impostos pelo mercado são ultrapassados e devem ser mudados urgentemente.

- Hoje é o primeiro dia! Esteja em estado de alerta para não se deixar entrar em stand-by, ou seja, no estado mental de economia de energia. Não permita que esse modelo mental o leve a não cuidar dos detalhes e diferenciais que os clientes esperam de você.

Jornada 6:
Saia da matrix

Liberte-se das ilusões e assuma o controle da sua realidade! Nesta jornada, você vai descobrir como tomar decisões conscientes e sair da sua zona de conforto. Jogue agora e desperte para um novo caminho!

https://qrco.de/bengeder10

CAPÍTULO 11

PASSO 7: OS SEGREDOS DA ARTE & FILOSOFIA OMOTENASHI

Os detalhes nunca são meros!

"As grandes ideias surgem da observação dos pequenos detalhes."

– Augusto Cury[35]

Como é ruim se sentir somente mais um número de RG ou de CPF. Você já passou por isso? Tenho certeza de que já, e é muito triste viver essa sensação. Eu e você, como clientes, percebemos todos os dias a grande diferença que existe de tratamentos nos serviços e no atendimento. Vemos clientes sendo tratados de qualquer maneira, só como números. Isso tudo gera prazos não cumpridos, retrabalho, mau humor, profissionais infelizes, desrespeito ao cliente, falta de atenção àquilo de que o "cliente gosta" de verdade e uma experiência de compra terrível. Em geral, não somos surpreendidos de forma positiva, acabamos nos sentindo apenas mais um número na rotina dessa "Matrix de vendas".

Você já pensou em ser um encantador de clientes? Então, precisa conhecer a filosofia omotenhashi. Vou ter que falar que não é tão simples, porque é uma filosofia de vida, é a arte japonesa de criar experiências excepcionais aos clientes! Essa experiência surge primeiro do coração. Isso mesmo, do coração.

Significa acolher, tratar e cuidar da melhor maneira possível o cliente sem esperar nada em troca.

---

[35] CURY, A. **O futuro da humanidade:** a emocionante história de um médico e um mendigo em busca de um mundo melhor. São Paulo: Arqueiro, 2005.

Tive a oportunidade de conhecer e mergulhar na arte e filosofia omotenashi durante os treinamentos realizados para a marca Honda. É uma postura adotada não somente pelos donos do negócio, mas por todos os colaboradores dessa gigante do setor automotivo mundial.

Todos nós gostamos de ser bem tratados e bem atendidos. Como é bom ser chamado pelo primeiro nome, não é verdade? Como é bom ser reconhecido e, melhor ainda, lembrado com alegria. Adoramos ser surpreendidos com algo que não esperávamos: "Que legal o que ele fez por mim!".

Na maioria das vezes, os colaboradores que nos atendem, independentemente de ser no ambiente básico ou premium, não sabem como conduzir uma experiência de compra de maneira memorável e encantadora. Por que isso acontece? Simples, essa pessoa não segue uma experiência profissional, e sim amadora. Esse modelo mental de encantamento, de cuidar e proteger o cliente a qualquer preço, não faz parte da nossa cultura ocidental. Nossos treinamentos de atendimento e vendas estão focados somente na educação básica, de dizer bom-dia, boa-tarde e boa-noite. É claro que o cliente espera um atendimento educado e hospitaleiro, mas isso não é o suficiente para gerar uma experiência de compra memorável.

Lembro também do início da minha adolescência no Rio Grande do Sul, quando ajudava meus tios amados, Adailton e Nelci, no Hotel Cavalinho Branco em São Francisco de Paula, na serra gaúcha. Durante as férias, além de aproveitar os passeios, a piscina e comer muito no hotel, eu ajudava em algumas tarefas básicas, como carregar as malas até os quartos. Era muito divertido, pois eu ganhava gorjetas e presentes dos hóspedes.

Era mágico ver meus tios atendendo e recepcionando os clientes com um carinho excepcional, desde a chegada, passando pela estadia, até a despedida. Todos se sentiam como convidados aguardados e importantes. Os clientes se tornavam amigos da casa, fazendo parte de uma verdadeira família.

Isso me lembra muito a filosofia omotenashi, que vim a conhecer somente na idade adulta: a arte japonesa de criar experiências excepcionais aos clientes. Essa filosofia tem a ver com uma hospitalidade além do esperado, abrangendo como as pessoas, os convidados e clientes são vistos, tratados e encantados.

E essa experiência surge primeiro do coração. É um princípio cultural e filosófico enraizado na alma de um povo. É algo que já nasce com cada japonês e é passado de geração em geração, é um aroma suave, sutil e invisível da cultura japonesa.[36]

Os quatro segredos da filosofia omotenashi

Há séculos o Japão vem criando produtos e serviços tendo o cliente como foco principal dessa relação. Essas são extensões de uma cultura em que produtos e serviços são pensados e preparados antecipadamente bem antes de um convidado ou cliente colocar o pé em uma loja, hotel ou negócio.[37]

No ambiente de vendas e atendimento, precisamos criar uma atmosfera de encantamento, na qual o cliente sinta que é o centro de tudo; ele é o seu convidado especial. Quero que pense por um instante: Quando convidamos alguém para visitar a nossa casa, nós servimos o nosso melhor, não é? O cliente precisa perceber que estamos fazendo o "nosso melhor", e que isso não depende se ele de fato vai comprar o que estamos tentando vender. Ou seja, é preciso excelência no atender. É preciso ter a omotenashi.

E como podemos aplicar essa filosofia no mercado de modo a humanizar o atendimento e melhorar a experiência do cliente? Vivendo os quatro segredos que vamos estudar a seguir.

1º segredo – Empatia

A filosofia omotenashi é baseada em respeito mútuo e consideração pela pessoa antes mesmo de ela se tornar um cliente real. Com o mesmo respeito que o cliente ou convidado demonstra ao escolher seu negócio, sua loja, seu restaurante, seu hotel, sua concessionária, seu escritório ou seus serviços em vez de escolher outro lugar, também devemos respeitá-lo e ir

---

[36] YAMAGUCHI, M. **Omotenashi**: a arte japonesa de criar experiências excepcionais. **Genesys**, 21 nov. 2017. Disponível em: https://www.genesys.com/pt-br/blog/post/omotenashi-a-arte-japonesa-de-criar-experiencias-excepcionais Acesso em: 29 ago. 2024.

[37] Idem.

além da conhecida filosofia "o cliente tem sempre razão". A omotenashi coloca você no lugar do seu cliente! Isso garante que as expectativas dele sejam atendidas pela construção de serviços e produtos na perspectiva ou ótica do cliente, e de forma natural, leve e autêntica.

2º segredo – Antecipação

A filosofia omotenashi presta muita atenção aos detalhes para obter uma compreensão profunda do cliente, de modo que você não apenas atenda às suas expectativas, mas também antecipe suas necessidades. É uma compreensão de que não há tarefas muito pequenas ou fáceis, se elas fornecerem ao cliente ou convidado uma ótima experiência. É uma compreensão, um mindset que traz a consciência de que tudo o que você faz, mesmo que não esteja voltado para o cliente, sempre afeta diretamente a percepção dele. Portanto, você deve colocar 100% do seu esforço e coração na criação de uma experiência excepcional e inesquecível.

3º segredo – Autenticidade

Uma parte fundamental da filosofia é a gratidão, que traz a base e o calor para a autenticidade em toda experiência e encontro. Seja verdadeiro, natural e espontâneo, mas principalmente preparado e profissional. É uma satisfação que o cliente tenha escolhido passar o tempo dele com você, comprar com você ou ainda no seu negócio. O cliente precisa perceber que ele é valorizado como parte integrante do crescimento e sucesso do seu negócio.

4º segredo – Pertencimento

A filosofia do ser bem recebido, acolhido e esperado nos torna importantes e significativos. Esse sentimento nos faz ser parte de algo verdadeiramente bom e saudável. Se eu faço parte, eu quero comprar mais e indicar esse lugar para as pessoas de quem eu gosto e que admiro.

A seguir, vamos analisar como viver na prática do dia a dia a omotenashi no seu negócio, marca, empresa em vendas ou serviços.

Gestos tangíveis e intangíveis

Como podemos materializar essa filosofia na experiência do cliente?

Vamos começar dividindo em dois aspectos diferentes, para que você entenda a importância dos gestos pessoais: tangíveis e intangíveis.

Os tangíveis são mais fáceis de serem percebidos. Importante: não pode ser qualquer coisa, e não é uma questão de marca ou preço, e sim de qualidade!

- Um doce, chocolate, bala.
- Um café, chá, água gelada, suco, espumante.
- Uma revista, acesso ao Wi-Fi com a senha.
- Um presente exclusivo – lembre-se da embalagem especial: chaveiro, porta-documentos, sobremesa grátis, drink grátis, cartão fidelidade com prêmio, embalagens de delivery com mensagens escritas à mão de agradecimento pela escolha do cliente.
- Na concessionária: o empréstimo de uma moto/carro para o fim de semana.
- Bilhete/mensagem ou cartão escrito à mão.

Isso me faz lembrar de quando minha esposa, Rosa Maria, esteve no McCafé do McDonald's para tomar um chocolate quente. Para sua surpresa, junto com o pedido, ela recebeu um bilhete com a seguinte mensagem: "Obrigada pela sua visita, ficamos muito felizes com a sua escolha", assinado com um sorriso e escrito com canetas de cores diferentes.

Impressionada com essa iniciativa simples, mas especial, minha esposa foi até o balcão e perguntou: "Quem escreveu esse bilhete para mim?". O atendente, meio sem jeito, respondeu: "Fui eu, senhora. Minha gerente disse que nossos clientes devem se sentir especiais aqui na nossa loja."

Percebe como pequenos gestos como esse trazem reconhecimento e criam experiências que marcam para a vida toda?

Quanto aos gestos intangíveis, eles são aqueles não palpáveis:

- Perguntar notícias de filhos, família, pets.
- Fazer com que o cliente fale sobre seus hobbies e gostos.
- Vocabulário rico para sublimar o produto e serviço a ser oferecido.

- Perguntar qual o melhor horário e dia para receber uma ligação ou entrega.
- Fazer um esforço para antecipar algum retorno/entrega.
- Elogiar o cliente pela forma como ele cuidou do equipamento/carro/moto.
- Elogiar a escolha do cliente.
- Telefonema de agradecimento, perguntando como está o carro/moto depois da manutenção, como foi o jantar, felicitar no aniversário, entre outros.
- Guardar o capacete/jaqueta do cliente ou estacionar seu carro/moto em lugar coberto, longe do sol.

Quero desafiar você a realizar uma tarefa rápida e objetiva. Liste os principais gestos pessoais tangíveis e intangíveis possíveis do seu negócio de vendas e serviços. Tenho certeza de que você faz coisas muito interessantes para os clientes.

TANGÍVEIS	INTANGÍVEIS
_____	_____
_____	_____
_____	_____

Os resultados de se adotar a filosofia omotenashi

Nenhum resultado é por acaso, e os resultados dessa obstinada dedicação em criar uma experiência única para os clientes por intermédio da omotenashi são dois importantíssimos: a confiança e os defensores do seu negócio.

A abordagem altruísta (capacidade de realizar ações pensando no bem-estar das pessoas ao seu redor) ao fornecer serviços aos hóspedes, clientes ou visitantes, sem expectativas de algo em troca, cria um ambiente intimista e de confiança verdadeira. A confiança é o combustível para qualquer negócio ou relacionamento comercial prosperar e crescer. Empresas e marcas que têm no seu DNA os princípios da omotenashi criaram reconhecidamente um nível de confiança com seus clientes poucas vezes visto antes; um exemplo disso é a própria marca Honda, criada no Japão e conhecida em todo o mundo. Essa confiança significa para o cliente a certeza de que você fornecerá um serviço de consistência e um produto de qualidade para atender ou, muitas vezes, exceder às expectativas.

Os princípios da omotenashi, quando aplicados ao seu negócio, constroem uma relação de lealdade e apoio dos clientes. Importante destacar que, como em todas as atitudes japonesas, essa lealdade é muito sutil. Você não verá japoneses gritando a sua lealdade a uma marca ou negócio, eles farão isso de maneira silenciosa, mas consistente. O que você precisa ter em mente são os resultados de uma empresa que trabalha sob a filosofia omotenashi. E um resultado é certo: essas empresas criam "clientes para toda a vida". Mais importante ainda, esses clientes para toda a vida mal podem esperar para "falar bem" de você, sua empresa ou seu negócio.

As marcas e os profissionais que colocam a experiência do cliente em primeiro lugar são realmente reconhecidas e conquistam resultados mais robustos que as demais. Lembre-se: os clientes têm prazer de recomendar aquilo de que gostam (muitas vezes nem sabem por que, mas gostam) e continuam comprando!

Um estudo da PwC descobriu que 86% dos consumidores estariam dispostos a pagar mais por uma experiência melhor. E, de acordo com a *Harvard Business Review*, um aumento de 1% na experiência do cliente pode levar a um aumento de até 3% na receita por cliente para empresas de varejo. O aumento de receita por cliente é um fator de grande relevância para a saúde do negócio; assim, investir na experiência do cliente é lucro certo!

Casualidade ou sorte

O sucesso não é casualidade ou sorte. É planejamento, dedicação, altruísmo, disciplina e entrega pessoal! Tudo o que falamos requer dedicação. É como cuidar de um jardim, em que é preciso regar, adubar e vitaminar na medida certa, e principalmente, proteger e amar.

Seja um detalhista em todas as etapas do seu negócio, seja lembrado pelo seu segredo de "encantador de clientes". Talvez eles não saibam exatamente o motivo de sempre escolherem você, mas você saberá! Crie e viva a experiência dessa filosofia para a transformação da vida das pessoas.

No próximo capítulo, vamos falar sobre comunicação assertiva, que é essencial para estabelecer uma conexão significativa com o cliente, transmitir confiança e credibilidade, focar as necessidades do cliente, resolver problemas de forma eficiente e construir relacionamentos sólidos. Isso tudo ajudará você a alcançar mais e mais vendas!

Principais aprendizados deste capítulo

- Omotenashi significa cuidar, acolher e tratar da melhor maneira possível o cliente, sem esperar nada em troca.

- Viva os quatro segredos da arte e filosofia omotenashi: Empatia, Antecipação, Autenticidade e Pertencimento, e pratique um modelo de encantamento transformador de negócios.

- Não se esqueça de colocar em prática, todos os dias, os gestos tangíveis e os intangíveis com os clientes.

- A obstinada dedicação em criar uma experiência única para os clientes produz dois principais valores: a confiança e defensores do seu negócio e marca.

CAPÍTULO 12
PASSO 8: COMUNICAÇÃO ASSERTIVA

Quem melhor se conecta com o cliente, vende mais, pois a conexão é a chave que abre todas as portas

> "O rio atinge seus objetivos porque aprendeu a contornar obstáculos."
> – Lao-Tsé

Meu querido leitor, gostaria de iniciar falando sobre ser "assertivo". Esse adjetivo não tem a finalidade de afirmar o que é certo ou errado. A comunicação assertiva descreve uma maneira de se expressar caracterizada pela clareza, firmeza e respeito. Ou seja, ser assertivo é essencial para uma comunicação eficaz, clara e direta, sem ser agressivo ou passivo.

Em hipótese alguma meu objetivo é dizer o que é certo ou errado para você, pois cada cultura, região, histórico, ambiente, produto e serviço necessita de uma comunicação exclusiva e aderente ao seu mercado e respectivo cliente.

A comunicação é um processo para transmitir informações, ideias, sentimentos ou pensamentos entre indivíduos ou grupos, utilizando meios verbais, não verbais ou escritos, para alcançar um entendimento mútuo e geral.

Em vendas, é essencial usar a chave certa da comunicação. Interagir com os clientes é um processo para entender suas necessidades e, assim, apresentar produtos ou serviços de forma clara e persuasiva. Esse processo também envolve construir relacionamentos para fechar negócios e garantir a satisfação do cliente mediante uma experiência de compra memorável.

Adoro mencionar nas palestras e treinamentos uma passagem do filme *Velozes e Furiosos: Desafio em Tóquio*.[38] Independentemente de você gostar ou não dessa franquia, tenha em mente que a maioria dos filmes oferece

---

[38] VELOZES e Furiosos: Desafio em Tóquio. Direção: Justin Lin. EUA: Universal Pictures, 2006. Vídeo (104 min).

oportunidades de aprendizado para a vida. Desprezar essa verdade é ignorar que milhões de dólares são investidos e centenas de mentes brilhantes são contratadas para criar roteiros inspiradores e poderosos que capturam a atenção da audiência.

Nesse filme, há uma cena em que Kamata, o tio mafioso, conversa com seu sobrinho Takashi, também conhecido como DK (Drift King). Kamata apresenta o livro de contabilidade da empresa e revela que o sócio de Takashi está trapaceando nos negócios. Takashi demonstra desinteresse, por achar a trapaça pequena ou insignificante. Após esse descaso, Kamata fecha o livro-caixa e, olhando firmemente para o sobrinho, utiliza uma metáfora para ilustrar a importância de prestar atenção aos detalhes, bem como as consequências que podem surgir de pequenas omissões ou erros.

A metáfora mencionada por Kamata é baseada no antigo provérbio inglês:

> Por falta de um prego, perdeu-se a ferradura.
> Por falta de uma ferradura, perdeu-se o cavalo.
> Por falta de um cavalo, perdeu-se o cavaleiro.
> Por falta de um cavaleiro, perdeu-se a batalha.
> Por falta de uma batalha, perdeu-se o reino.
> E tudo por falta de um prego de ferradura.[39]

Kamata usa essa metáfora para alertar Takashi de que, por falta de um prego na ferradura do cavalo, o reino foi perdido. Ele fala sobre a importância de lidar com as pequenas questões antes que se transformem em grandes problemas ou crises, o que poderia resultar em consequências desastrosas. Essa cena reforça a mensagem de que a atenção aos detalhes e o cuidado com problemas menores são cruciais para evitar grandes falhas no futuro.

O tema dos detalhes e a importância de prestar atenção são recorrentes em várias áreas da vida, especialmente em vendas e comunicação. E são esses detalhes que podem levar a grandes problemas ou à falta da assertividade esperada. Então, todo cuidado é pouco!

---

[39] SAUNDERS, R. **Poor Richard improved**: being an almanack and ephemeris. Filadélfia: B. Franklin; D. Hall, 1758.

A importância dos detalhes na comunicação assertiva

Quero agora, querido leitor, explorar mais detalhes sobre a importância da atenção aos pormenores na comunicação assertiva. Vamos lá:

Prevenção de problemas maiores

Pequenos erros ou omissões, se não corrigidos, podem crescer e causar complicações maiores. Por exemplo, um pequeno defeito em uma peça de uma máquina pode levar a uma falha total se não for detectado a tempo.

Qualidade e excelência

A atenção aos detalhes é essencial para garantir a qualidade e a excelência nos produtos e serviços que oferecemos. Empresas que focam detalhes tendem a proporcionar produtos superiores e mais confiáveis aos seus clientes.

Reputação e confiança

Negligenciar detalhes pode prejudicar a reputação de uma pessoa ou organização. Clientes e parceiros confiam em empresas que demonstram precisão e cuidado no que fazem. A atenção aos detalhes é crucial para o sucesso e a eficiência em diversas áreas, especialmente nas vendas. Ela envolve a capacidade de observar, analisar e agir sobre pequenas coisas que, juntas, fazem uma grande diferença. O provérbio usado por Kamata no filme é um lembrete poderoso de que, muitas vezes, o destino de grandes empreendimentos pode depender de pequenos pregos de ferradura.

Comunicação assertiva nas vendas

Você deve estar querendo saber mais sobre as chaves que abrem as portas das vendas por meio da comunicação, certo? Então, "vamos pra cima", como costumo dizer nas palestras. Seremos cada vez mais assertivos no uso das diferentes vertentes da comunicação para vender, criando uma experiência única com o produto ou serviço.

Todos sabemos a importância da empatia para iniciar qualquer relacionamento comercial, mas isso precisa ser autêntico e não mecânico, pois do contrário o cliente perceberá, e você perderá toda a sua credibilidade.

Seja você mesmo e utilize as técnicas abordadas neste capítulo. A comunicação assertiva envolve a capacidade de se colocar no lugar do cliente e entender suas necessidades e preocupações. Isso ajuda a construir um relacionamento mais forte e duradouro, o que pode levar a vendas repetidas, ou seja, clientes para toda a vida.

Modelo de assertividade na comunicação

Agora quero desenvolver com você um modelo de assertividade na comunicação:

- Mensagens efetivas: A assertividade na comunicação garante que sua mensagem seja clara, direta e compreensível para o cliente. Isso ajuda a evitar mal-entendidos e confusões, permitindo que você transmita informações importantes de forma eficaz.
- Confiança e credibilidade: Ao ser assertivo, você transmite confiança e credibilidade ao cliente, aumentando as chances de uma venda bem-sucedida e lucrativa.
- Foco nas necessidades do cliente: A assertividade permite que você se concentre nas necessidades e preocupações do cliente. Isso significa fazer as perguntas certas para entender suas dores e fornecer informações relevantes e úteis.
- Eficiência na resolução de problemas: Quando surgem problemas ou objeções, a assertividade na comunicação permite que você os aborde e resolva de forma rápida e eficaz, sem entrar em conflito, oferecendo soluções alternativas conforme a necessidade.
- Demonstração de profissionalismo: A assertividade demonstra profissionalismo e competência, aumentando sua credibilidade e a da sua empresa, e diminuindo a ansiedade do cliente.
- Aumento das taxas de conversão: Ao utilizar a assertividade para transmitir mensagens claras e convincentes, você aumenta as chances de converter leads em clientes e fechar vendas com sucesso, levando a um aumento significativo nas taxas de conversão e no sucesso das vendas.

Formas de comunicação

Muitas vezes estamos nos comunicando sem perceber: pela nossa expressão corporal já comunicamos diversas coisas, ao caminhar, ao olhar, ao falar, ao respirar, ao gesticular, ou seja, a comunicação pode ser categorizada em várias formas, cada uma com características distintas:

- Comunicação verbal: Utiliza palavras faladas ou escritas, incluindo conversas pessoais, apresentações, reuniões, telefonemas, e-mails e mensagens de texto nas redes sociais.
- Comunicação não verbal: Envolve gestos, expressões faciais, postura corporal, tom de voz, contato visual e outras formas de linguagem corporal.
- Comunicação escrita: Transmissão de informações por meio da escrita, como e-mails, relatórios, cartas e textos. A comunicação escrita é especialmente importante em ambientes profissionais e corporativos, nos quais a documentação precisa ser clara, precisa e formal.
- Comunicação visual: Utiliza elementos visuais, como gráficos, imagens, diagramas, infográficos e vídeos para transmitir informações, ideias e conteúdos. A comunicação visual é altamente eficaz para atrair a atenção dos clientes, simplificar conceitos complexos e reforçar mensagens importantes.
- Comunicação interpessoal: Ocorre entre duas ou mais pessoas face a face, incluindo conversas informais, negociações e interações sociais.
- Comunicação de grupo: Acontece em um contexto de grupo ou equipe, envolvendo a troca de informações e ideias. Isso pode incluir reuniões de equipe, sessões de brainstorming, grupos de discussão e apresentações para um público maior.
- Comunicação digital: Refere-se à comunicação por meio de tecnologias digitais, como internet, redes sociais, aplicativos de mensagens e videoconferências.

Essas são algumas das principais formas da comunicação nas vendas, cada uma desempenhando um papel importante na troca de informações, ideias e emoções entre indivíduos e grupos em diferentes contextos e ambientes.

Poderes da comunicação assertiva como técnica de vendas

Construindo rapport com o cliente

Essa técnica envolve demonstrar empatia, encontrar pontos em comum com o cliente e utilizar habilidades de escuta ativa para entender e atender melhor às necessidades dele. O vendedor estabelece rapport com o cliente ao demonstrar interesse genuíno, encontrando pontos em comum (por exemplo, família, gosta de tecnologia, busca economia de combustível etc.), e ao oferecer uma experiência personalizada no atendimento (como uma degustação ou um test-drive). Essa abordagem ajuda a construir confiança e uma conexão emocional, aumentando as chances de uma venda bem-sucedida.

Ao construir um ambiente de confiança, empatia e respeito mútuo, os vendedores estabelecem uma conexão mais forte e genuína com os clientes desde o início da abordagem comercial.

Identificar os desejos ocultos

Identificar com precisão as necessidades e os desejos dos clientes é um dos maiores desafios dos vendedores. Isso ocorre porque, muitas vezes, os vendedores não são capazes de fazer perguntas claras e diretas, ouvir ativamente as respostas dos clientes e confirmar essas informações para garantir uma comunicação completa sobre vantagens e diferenciais.

Apresentação de valor

Comunicar os benefícios e o valor do produto ou serviço de forma clara e convincente, destacando como podem resolver problemas ou satisfazer as necessidades. Em uma loja de automóveis ou motos, o vendedor demonstra valor ao:

- Entender as necessidades específicas do cliente.
- Destacar as características do carro ou motocicleta que atendem diretamente às necessidades do cliente.
- Fornecer detalhes concretos sobre consumo de combustível, espaço, tecnologia e segurança.

- Compartilhar exemplos e testemunhos de clientes satisfeitos.
- Oferecer um processo de compra rápido e eficiente.

Isso ajuda o cliente a visualizar como o carro ou motocicleta específico pode melhorar sua vida, facilitando a decisão de compra.

Fechamento de vendas

Fazer perguntas de fechamento de forma direta e persuasiva, mas sem colocar pressão nem parecer agressivo ou afobado, destacando os benefícios e incentivos adicionais para ajudar o cliente a tomar a decisão final da compra.

Como vendedor de alta performance em comunicação, você precisa ter em seu coração o objetivo de fazer um fechamento em grande estilo, então:

- Facilite o processo de compra, eliminando obstáculos e preocupações.
- Ofereça uma promoção exclusiva que agrega valor de imediato.
- Inclua benefícios adicionais relevantes para as necessidades do cliente.
- Garanta a satisfação do cliente com uma política de troca flexível, se for o caso.

Essa abordagem cria um senso de urgência e valor, incentivando o cliente a fechar o negócio de forma positiva e confiante.

Fidelização de clientes

Manter uma comunicação clara, honesta e respeitosa ao longo de todo o ciclo de vida do cliente, ajudando a construir relacionamentos duradouros e a manter a confiança e lealdade do cliente ao longo do tempo.

Em resumo, uma comunicação assertiva é fundamental para estabelecer uma conexão significativa com o cliente, transmitir confiança e credibilidade, focar as necessidades do cliente, resolver problemas de forma eficiente e construir relacionamentos duradouros. Esses elementos aumentam as chances de sucesso nas vendas e geram mais negócios em longo prazo. Seja um encantador de clientes utilizando as chaves da comunicação assertiva, baseada em técnicas, neurociência e persuasão, sempre colocando o cliente em primeiro plano. Ele perceberá isso!

Próximos passos

À medida que avançamos nesta jornada de autoconhecimento e desenvolvimento profissional, chegamos a um dos pilares do sucesso nas vendas: o Funil de Vendas Transbordante. No próximo capítulo, vamos explorar como a arte de atrair, converter e reter clientes pode transformar sua abordagem comercial e impulsionar seus resultados de vendas.

Você já aprendeu a importância da preparação, resiliência e mentalidade positiva. Agora é hora de aplicar esses conceitos de forma prática e estratégica no seu processo de vendas. Imagine um funil de vendas que não apenas se enche, mas transborda de oportunidades, criando um fluxo contínuo de clientes satisfeitos que compram e recomendam seus produtos e serviços.

Nosso foco será entender como atrair os clientes certos, aqueles que realmente valorizam o que você oferece. Veremos também como reter esses clientes e transformá-los em defensores da sua marca, ampliando seu alcance e consolidando seu sucesso.

Prepare-se para descobrir estratégias eficazes que não só aumentarão suas vendas, mas também lhe proporcionarão mais tempo livre para focar o que realmente importa. Vamos começar esta jornada e aprender como multiplicar clientes para maximizar seus resultados e viver com mais equilíbrio, alegria e satisfação.

Principais aprendizados deste capítulo

- Kamata, o tio mafioso, usa uma metáfora para alertar seu sobrinho Takashi sobre a importância de lidar com as pequenas questões antes que elas se transformem em grandes problemas ou crises, o que poderia resultar em consequências desastrosas.

- Ser assertivo no uso das diferentes vertentes da comunicação ao vender um produto ou um serviço oferece vantagens, como transmissão efetiva de mensagens, construção de confiança e credibilidade, foco nas necessidades do cliente, resolução eficiente de problemas, demonstração de profissionalismo e aumento das taxas de conversão.

- Clientes para toda a vida! Os vendedores que mantêm uma comunicação clara, honesta e respeitosa ao longo de todo o ciclo de vida do cliente ajudam a construir relacionamentos duradouros e a manter a confiança e lealdade do cliente ao longo do tempo.

CAPÍTULO 13

PASSO 9: FUNIL DE VENDAS TRANSBOR-DANTE

Atrair, converter e reter: como multiplicar clientes para maximizar seus resultados e ganhar mais tempo livre

"O dinheiro faz homens ricos, o conhecimento faz homens sábios e a humildade faz grandes homens."
– Mahatma Gandhi

Você gosta de feiras livres? Eu adoro esses lugares por sua energia, seu dinamismo, pelo comércio em sua pureza e pela vida em movimento. Imagine-se em uma feira livre de rua, cercado por barracas de frutas frescas, legumes, hortaliças, comida caseira, cores vibrantes e aquele aroma irresistível que desperta o apetite. Você está lá não apenas para comprar, mas para explorar, descobrir e, talvez, encontrar algo do qual nem sabia que precisava.

Agora pense em como os vendedores dessa feira o atraem para suas barracas, o encantam com a apresentação dos produtos, as histórias de qualidade e origem, degustação de sabores, até o convencer a fazer a compra. Essa jornada que você percorreu na feira é muito semelhante ao que chamo de funil de vendas transbordante no mundo dos negócios.

Como profissional de vendas ou empreendedor, você está constantemente em busca de maneiras de atrair novos clientes, entender suas necessidades e guiá-los até a compra. Mas a grande pergunta é: como transformar esse processo em algo eficiente e escalável? Como garantir que cada passo, desde o primeiro contato até a venda, esteja alinhado com as expectativas e os desejos dos seus clientes?

Neste capítulo, vamos desvendar o segredo por trás de um funil de vendas transbordante e bem-sucedido. Vamos explorar como criar oportunidades, manter um fluxo constante de potenciais clientes e transformar recomendações em uma poderosa ferramenta de crescimento. Entenderemos juntos como um funil de vendas bem-estruturado pode não apenas aumentar suas vendas, mas também proporcionar mais tempo livre para focar o que realmente importa para você.

Aqui você encontrará dicas práticas, exemplos reais e estratégias testadas para otimizar seu funil de vendas. Prepare-se para transformar a maneira como você atrai, nutre e converte seus clientes, criando um processo que não só transborda de oportunidades, mas também de resultados positivos.

Funil de vendas transbordante

O funil de vendas tem que ser a base da sua estratégia de vendas, e sabe por quê? O cliente não virá mais até você de forma espontânea como acontecia tempos atrás. E o principal canal de entrada no seu funil será com certeza o digital!

Quando falamos no "funil de vendas transbordante", quero dizer que ele está sempre com o seu topo cheio de oportunidades. Não se trata apenas de ter uma base de clientes enorme para prospecção, pois tão importante quanto a quantidade é a qualidade dessa base.

Você deve estar se lembrando de situações em que entrou em contato com inúmeros clientes e obteve pouco ou nenhum retorno. Talvez o seu problema esteja na qualidade da base com a qual está trabalhando, ou ainda no seu "script" de abordagem, que não está atraente o suficiente para engajar o cliente.

Invista tempo na seleção da sua base para prospecção. Ela deve ser composta por diversas fontes:

- Carteira de clientes pessoal;
- Leads de fluxo presencial de clientes;
- Leads provenientes do seu site e site do fabricante;
- Parcerias com estabelecimentos comerciais (restaurantes, barbearias, lojas, salões de cabeleireiros, clubes etc.);
- Quartel de bombeiros ou forças armadas;
- Instituições bancárias, entre outras.

Veja as oportunidades na sua região e cidade. O funil de vendas representa as etapas que um potencial cliente percorre no processo de relacionamento com o seu negócio e o ajuda a visualizá-las e gerenciá-las, facilitando a identificação de oportunidades e pontos de melhoria.

Quem não conhece a Netflix? Mas talvez você não saiba como essa empresa conquistou sua história de sucesso meteórico. Fundada em 1997 por Reed Hastings e Marc Randolph, a Netflix começou como um serviço de aluguel de DVDs pelo correio. Em 2007, após dez anos de existência, a empresa mudou para o modelo de streaming, uma tecnologia totalmente nova na época, transformando completamente seu negócio e a indústria do entretenimento.

A Netflix enfrentava um grande desafio: precisava criar um funil de vendas eficiente para atrair novos assinantes, converter leads interessados em assinaturas pagas e manter esses assinantes por muito tempo. Mas como conseguir isso?

Após estudar detalhadamente a sua estratégia, quero compartilhar com você os principais passos que identifiquei no funil de vendas da Netflix, que podemos tomar como exemplo para criar mais e mais oportunidades no seu negócio.

Como a Netflix atraiu leads para o seu negócio?

A empresa usou duas estratégias principais para um funil de vendas eficiente:

- Marketing de conteúdo: A plataforma investiu em conteúdo original e exclusivo, como séries, filmes e documentários, para atrair potenciais assinantes. Séries populares, como *House of Cards* e *Stranger Things*, que retratam os anos 1980 de maneira incrível, foram usadas como ganchos para captar novos leads.
- Marketing digital e mídias sociais: A empresa utilizou campanhas de marketing digital altamente segmentadas e uma forte presença nas redes sociais para promover seu conteúdo e aumentar o reconhecimento da marca.

Para converter leads em clientes assinantes, a Netflix ofereceu períodos de teste gratuito (geralmente 30 dias) para permitir que novos usuários experimentassem o serviço sem compromisso. Isso reduzia a barreira de entrada e incentivava os usuários a assinar. Além disso, a empresa simplificou o processo de inscrição, permitindo que os usuários se registrem com facilidade e rapidez.

Para manter os assinantes após o período de teste, a Netflix utilizou personalização e recomendações para aumentar o engajamento e a satisfação. Eles empregaram algoritmos avançados para personalizar a experiência de cada usuário, recomendando conteúdos baseados em histórico de visualização e preferências.

Durante o período de teste, enviavam e-mails de marketing personalizados para incentivar os usuários a explorar mais conteúdo e lembrar-lhes do término do período de teste. Próximo ao final do período de teste gratuito, a Netflix facilitava a transição para o plano pago, lembrando os usuários dos benefícios do serviço e de como continuar aproveitando o conteúdo sem interrupção. Em algumas regiões, a Netflix oferecia descontos iniciais ou planos promocionais para converter os usuários gratuitos em pagantes.

Para manter a recorrência, a Netflix investiu continuamente em novos conteúdos originais e licenciados, mantendo os assinantes engajados e satisfeitos. A empresa também focou melhorias constantes na plataforma, com novas funcionalidades, qualidade de streaming e suporte a diferentes dispositivos.

O funil de vendas da Netflix levou a um crescimento explosivo no número de assinantes em todo o mundo, tornando-se a maior plataforma de streaming do planeta em poucos anos. A personalização e a constante atualização de conteúdo resultaram em altas taxas de retenção, com assinantes permanecendo por longos períodos. A Netflix tornou-se sinônimo de streaming de entretenimento, com uma marca reconhecida e respeitada internacionalmente.

A história da Netflix é um excelente exemplo de como um funil de vendas bem-estruturado, com ênfase em atrair, converter e reter clientes por intermédio de conteúdo de alta qualidade e personalização, pode transformar um negócio. A estratégia da Netflix não apenas aumentou sua base de assinantes, mas também redefiniu a forma como consumimos entretenimento.

Vamos começar essa jornada juntos? Descubra como levar seus clientes desde a curiosidade inicial até a fidelidade duradoura, com uma abordagem estratégica e eficiente. Transforme seu funil de vendas em uma máquina poderosa que trabalha incansavelmente para você.

Qual a diferença entre metas e objetivos?

Frequentemente ouço profissionais de vendas tratando metas e objetivos como se fossem a mesma coisa, mas não são. Vou explicar as diferenças. As metas andam junto aos objetivos; elas são tarefas específicas para alcançar esses objetivos e são temporais, ou seja, têm prazos definidos. Por exemplo, se o seu objetivo é vender vinte contratos por mês, você deve traçar as etapas, ou metas, que o levarão a atingir esse objetivo. Você terá que administrar sua base de clientes, os prazos, as redes sociais, indicações, horas de prospecção, ofertas, entre outros.

Tenha em mente que, ao atingir as metas ou etapas, você conseguirá alcançar seu objetivo. Outro exemplo: você deseja se tornar mais conhecido no mercado em que atua em seis meses. Esse é o seu objetivo. As metas são os passos e prazos para a realização desse objetivo. O importante é trabalhar as metas com estratégia. Lembre-se, as metas são frações para monitorar, identificar recursos e ferramentas necessárias, e essas métricas ajudarão a alcançar seu sonhado objetivo.

Tenho observado uma repetição mensal entre profissionais de vendas que mantêm os mesmos objetivos pessoais. Isso não é ruim, mas também não é ambicioso e inspirador; é pura zona de conforto. Ouço relatos de insatisfação com ganhos e resultados, porém isso não me surpreende, pois os objetivos desses profissionais são os mesmos há anos. São profissionais com anos de experiência e uma carteira de clientes crescente, no entanto suas vendas mensais permanecem estagnadas e inalteradas. Isso indica que algo está errado! Na minha opinião, é falta de ousadia e ambição. Não existe varinha mágica, e sim planejamento e metas para alcançar novos objetivos. A pergunta é: quais são seus números e suas métricas? Você tem avaliado sua evolução? Em vendas, querer não é poder, especialmente sem estratégia e ação.

Adoro esta frase de Benjamin Disraeli, político e escritor britânico: "O segredo do êxito na vida de um homem está em preparar-se para aproveitar a ocasião, quando ela se apresentar."

Os andamentos e as respostas das solicitações dos clientes e leads precisam ser verificados com frequência. Mantê-los informados e aquecidos demonstra sua dedicação, organização, profissionalismo e cuidado com o que é importante para eles. Esses andamentos devem fazer parte da sua rotina diária; isso é essencial para manter um funil de vendas transbordante. É fundamental atualizar o status das solicitações, as providências tomadas e, claro, colocar-se à disposição do cliente e lead para sanar qualquer dúvida que surgir em todas as etapas da venda e do pós-venda.

Você deve estar se perguntando: *E por onde começo?* Foco e atitude são o caminho! Vou ajudá-lo com cinco passos para engajar o cliente a comprar com você. Vamos fazer uma atividade prática: pegue papel e caneta ou abra um arquivo de notas no seu computador ou smartphone (o que for mais confortável e familiar para você). Vamos desenvolver os cinco passos para encontrar um oceano de oportunidades – que está próximo, e talvez você nem saiba. Vamos lá:

- Liste as bases de clientes disponíveis: Faça uma lista das bases de clientes que você tem à sua disposição, como empresas de proximidade, sistemas de CRM (por exemplo, Sales Force), associações, bancos, e pessoas do seu círculo social (vizinhos, familiares, clubes, igrejas, condomínio, barbearias, salões de cabeleireiros, restaurantes, entre outros).
- Selecione contatos para prospecção: Escolha uma dessas bases e selecione pelo menos dez contatos para prospecção.
- Liste os argumentos de contato: Elabore uma lista dos argumentos que serão utilizados quando contatar o cliente. Defina o propósito da sua ligação, como uma oferta ou promoção única e exclusiva, um lançamento, um test-drive ou uma degustação disponível, serviços pós-venda, aniversário, entre outros.
- Prepare o seu script: Desenvolva um roteiro do que será falado com a lista dos seus argumentos. Separe imagens, folders e links de sites que você usará no seu plano estratégico para enviar ao cliente.
- Escolha o melhor canal de comunicação: Selecione o melhor canal de comunicação com seus clientes e leads, levando em consideração idade, perfil e objetivo da mensagem (WhatsApp, celular, telefone fixo, e-mail, LinkedIn, Instagram, Messenger do Facebook, entre outros).

Você também pode estar se perguntando: *Em quais perfis devo concentrar minhas ações do funil de vendas?* Essa é uma pergunta que gera outra: *Qual é o produto ou serviço que vou oferecer para o meu lead ou cliente?* Avalie os perfis dos clientes que costumam comprar e quais produtos ou serviços você vai ofertar e apresentar. Por sua expertise e seu conhecimento no ramo, você já deve ter uma ideia; senão, peça ajuda aos melhores que estão ao seu redor. Já pesquisou os gostos e as particularidades dos leads e clientes por meio das redes sociais? Com script em mãos, conhecimento do cliente no perfil das redes sociais, informações detalhadas e plano estratégico definido, agora é só entrar em contato e engajar o cliente a comprar com você!

Tenha sempre à disposição sua tabela de preços, estoque, prazos, condições especiais, taxas e opções de pagamento. Faça simulações e prepare-se para oferecer diversas formas de pagamento. Quanto mais preparado você estiver, maior será sua confiança ao falar e ofertar para o cliente. Seu comportamento otimista, alegre e a vontade de atender farão toda a diferença no seu negócio! Fique sempre atento a atualizações, follow-ups e status do atendimento ou contrato. Não deixe o lead e o cliente esfriarem nunca!

No entanto, vivemos em uma sociedade muito dinâmica, especialmente no mundo digital e nas redes sociais. Novas informações e distrações chegam a todo momento, tirando nosso precioso foco. Muitas vezes, somos consumidos por essas distrações, não conseguimos atender todas as demandas do dia e ficamos sobrecarregados, gerando estresse e frustração.

No cenário mundial, o Brasil está atrás apenas das Filipinas, onde os usuários passam em média mais de dez horas por dia on-line. Somos o segundo país em consumo de horas na internet, frequentemente passando mais de nove horas por dia conectados, principalmente em redes sociais e serviços de streaming. Isso significa que estamos constantemente conectados, exigindo de você, que quer vender, ainda mais agilidade, conhecimento e atenção nas respostas.[40]

---

[40] DIGITAL 2024: 5 billion social media users, **We are social/Meltwater**, 21 jan. 2024. Disponível em: https://wearesocial.com/uk/blog/2024/01/digital-2024-5-billion-social-media-users/ Acesso em: 29 ago. 2024.

No próximo capítulo, vamos explorar como construir uma presença on-line forte, engajar seu público e utilizar plataformas digitais para fortalecer sua marca e, consequentemente, seu funil de vendas.

Prepare-se para descobrir as melhores práticas para gerenciar sua imagem nas redes sociais e transformar seguidores em clientes leais. Veremos como histórias de sucesso, interação genuína e conteúdo relevante podem fazer toda a diferença na percepção da sua marca e na sua estratégia de vendas.

Vamos juntos nesta próxima etapa, em que a visibilidade digital se encontra com estratégias de vendas criativas e interativas.

Principais aprendizados deste capítulo

- Um funil de vendas transbordante e bem-estruturado deve ter ênfase em atrair, converter e reter clientes.

- Trabalhe as metas com estratégia. Lembre-se, as metas são frações ou pedaços para você monitorar. Identifique quais recursos e ferramentas deve utilizar, essas métricas irão ajudá-lo a chegar ao seu sonhado objetivo.

- Quanto mais preparado, maior será a sua confiança ao falar e ofertar para o cliente. O seu comportamento otimista, alegre e a vontade de atender farão toda a diferença no seu negócio!

Jornada 7:
Funil de vendas transbordante

Nesta jornada, você aprenderá como construir relacionamentos que impulsionam resultados e maximizam suas vendas. Você está pronto para jogar e transformar seu processo de vendas?

https://qrco.de/bengeder13

CAPÍTULO 14

PASSO 10: FUJA DAS HIENAS

Não abandone seu legado, mesmo que a sua felicidade incomode os outros

"Vocês são o sal da terra. Mas se o sal perder o seu sabor, como restaurá-lo? Não servirá para nada, exceto para ser jogado fora e pisado pelos homens. Vocês são a luz do mundo. Não se pode esconder uma cidade construída sobre um monte."
– Mateus 5:13-14

Imagine a savana africana, onde um clã de hienas vive e caça em conjunto, convivendo diariamente, faça chuva ou faça sol. A savana é um ambiente competitivo, com outros clãs de hienas, alcateias de leões e grupos de animais ferozes disputando o território. Nesse clã, há uma hiena chamada Zuri, que sempre busca ser inovadora e proativa em suas caçadas, tentando novas estratégias para garantir alimento para si e para o grupo. No entanto, as outras hienas, acostumadas aos métodos antigos e menos eficientes, começam a criticar Zuri em tudo o que ela faz, rindo e fazendo comentários negativos.

Apesar das críticas, Zuri continua a explorar novas maneiras de caçar. Ela observa os padrões de movimento dos outros animais, encontra melhores esconderijos e se comporta de maneira proativa, treinando movimentos e se preparando cada vez mais para suas caçadas diárias. Com o tempo, mesmo sem o apoio das demais hienas, Zuri começa a trazer mais comida para todo o clã. Suas técnicas inovadoras não apenas aumentam o sucesso nas caçadas, mas também demonstram que é possível melhorar e evoluir com novas ideias e atitudes.

Inicialmente céticas e críticas, as outras hienas começam a perceber os benefícios das novas estratégias de Zuri e, lentamente, adotam algumas de suas técnicas, reconhecendo que as mudanças criticadas no início estão beneficiando a todos.

Da mesma forma, no mundo das vendas, sempre haverá aqueles que criticam as boas ações e inovações dos vendedores que desejam sair da zona de conforto. Eles podem se sentir ameaçados pelas novas abordagens ou simplesmente preferir as formas antigas de fazer as coisas. No entanto, aqueles que persistem em suas boas práticas e inovações acabam demonstrando que melhorias são possíveis e que o sucesso pode ser alcançado de maneira mais eficiente e eficaz.

A moral desta história é que a crítica muitas vezes vem do medo da mudança e da insegurança, mas a inovação e a persistência podem levar a melhores resultados e, eventualmente, transformar até mesmo os críticos em seguidores. Você deve estar pensando agora no seu ambiente de trabalho, na sua loja ou empresa, e no número de hienas que muitas vezes riram das suas atitudes e do seu comportamento de entusiasmo. Quero motivar você a continuar sendo intencionalmente diferente dos demais do seu grupo e se aliar àqueles que querem criar experiências de compra inspiradoras para os clientes. Tenha a certeza de que seus resultados serão surpreendentes.

Por que as pessoas no ambiente de trabalho ficam irritadas com a felicidade alheia?

Diversos estudos científicos exploram por que algumas pessoas ficam incomodadas com a felicidade dos outros. Um estudo publicado na *Psychology Today* sugere que essa irritação pode estar relacionada a um desequilíbrio emocional interno. Pessoas que se sentem negativas em relação à própria vida podem projetar suas próprias frustrações e insatisfações na felicidade alheia. E a comparação social desempenha um papel significativo nisso. Quando as pessoas se comparam constantemente aos outros e se sentem inferiores, a felicidade alheia pode acentuar suas próprias inseguranças.[41] Esse fenômeno é mais evidente nas redes sociais, onde a vida do outro é

---

[41] BRANDAO, R. O que é complexo de inferioridade e como tratar, **Zenklub**, 28 nov. 2022. Disponível em: https://zenklub.com.br/blog/autoconhecimento/complexo-de-inferioridade. Acesso em: 29 out. 2024.

frequentemente apresentada de forma perfeita, idealizada e feliz, levando à inveja e frustração para quem não está bem consigo mesmo.

Algumas razões comuns a essa realidade de irritação com a felicidade alheia são:

• **A inveja:** Quando as pessoas veem outras sendo felizes ou bem-sucedidas, elas podem sentir inveja, especialmente se estiverem insatisfeitas com suas próprias vidas. A felicidade alheia pode servir como um lembrete doloroso das coisas que elas desejam, mas que ainda não alcançaram.

• **A cultura da competitividade:** Em lugares altamente competitivos, o sucesso de uma pessoa pode ser visto como uma ameaça ao sucesso de outra, gerando ressentimento e irritação.

• **Falta de empatia:** Nem todos conseguem ser alegres como você. A incapacidade de se colocar no lugar do outro e sentir empatia pode fazer com que algumas pessoas não consigam se alegrar com a sua felicidade.

• **Comparação social:** As pessoas frequentemente se comparam aos outros. Quando alguém está feliz, especialmente se essa felicidade está sendo exibida publicamente (como nas redes sociais), isso pode levar a sentimentos de inadequação ou fracasso.

• **Baixa autoestima:** Pessoas com baixa autoestima podem achar difícil celebrar o sucesso dos outros, porque isso acentua suas próprias inseguranças. Elas podem sentir que a felicidade de outra pessoa diminui a sua própria autoestima.

• **Projeção de insatisfações pessoais:** Às vezes, as pessoas projetam suas próprias frustrações e insatisfações nos outros. A felicidade alheia pode ser vista como uma afronta à sua própria infelicidade, levando a sentimentos de raiva ou irritação.

Infelizmente esses sentimentos podem acontecer com qualquer um, pois são naturais e humanos, mas devem ser trabalhados e transformados por meio do autoconhecimento, da autoconsciência, da empatia e do desenvolvimento pessoal.

Há uma história da qual gosto muito que ilustra como algumas pessoas são atacadas ou invejadas simplesmente por serem quem são ou por terem qualidades que outros não têm, como brilho, alegria ou sucesso. É uma lição sobre inveja e a importância de seguir em frente, apesar das adversidades e de pessoas invejosas que querem destruir seus sonhos.

Vou compartilhar a anedota com você.

> Era uma vez, em uma floresta densa e escura, uma cobra que decidiu perseguir um vaga-lume. O pequeno vaga-lume, brilhando intensamente, notou que estava sendo seguido e começou a voar mais rápido. Mas a cobra persistia. Após muito tempo de perseguição, o vaga-lume, exausto, parou e decidiu confrontar a cobra. Com coragem, disse: "Pare! Quero lhe fazer três perguntas."
>
> A cobra, intrigada, respondeu: "Claro, pergunte."
>
> O vaga-lume então fez sua primeira pergunta: "Eu faço parte da sua cadeia alimentar?"
>
> "Não", respondeu a cobra.
>
> "Eu lhe fiz algum mal?", perguntou o vaga-lume.
>
> "Não", novamente respondeu a cobra.
>
> "Então, por que você quer me devorar? Eu sou do céu e você é da terra", perguntou o vaga-lume, confuso.
>
> A cobra respondeu: "Não sei exatamente por que quero lhe devorar, mas o seu brilho ofusca os meus olhos."

Não abra mão de trabalhar em um lugar alegre

Como eu, você já deve ter trabalhado em lugares cujo ambiente de trabalho era incrível! As pessoas estavam alegres, falantes, e o barulho parecia ser a maior demonstração de alegria. Mas não era um barulho que atrapalhava; era um ambiente vivo, com pessoas vivas! Diferente das empresas onde existem "cadáveres corporativos" em suas estações de trabalho. O que havia no primeiro exemplo era a maior demonstração de capacidade produtiva, com a vida sendo vivida na sua plenitude. As pessoas estavam ali deixando um legado, uma energia vibrante que não tinha fim.

Por isso, se você me permite, vou lhe dar uma dica: nunca abra mão de trabalhar em um lugar alegre. Nada neste mundo vale mais do que estar perto de um líder que genuinamente sorri e de colegas que sabem que têm defeitos, reconhecem que precisam melhorar e não têm medo de pedir ajuda. A felicidade precisa estar presente todos os dias no que você faz! E, se seus colegas se irritam com a sua alegria, sorria para eles. Não entre na *vibe* de diminuir esse sentimento maravilhoso que é a felicidade. Eles que subam os degraus da vida para encontrar você.

> E se alguém um dia perguntar se você veio trabalhar ou fazer amigos, encha a boca para dizer: "Sim! Eu vim aqui fazer amigos, pois com amigos trabalhamos melhor!" E se lhe perguntarem se você prefere ser feliz ou ter razão, responda que alguém que é feliz sempre tem razão. A felicidade é a razão! A razão de viver.
> – Alberto Roitman[42]

Não abandone o seu legado

Você sabe o significado e o poder da palavra "entusiasmo"? Ela tem uma origem fascinante e profundamente enraizada em significados espirituais e emocionais. Deriva do grego antigo *enthousiasmos*, que por sua vez vem de *entheos*, uma combinação de *en* (dentro) e *theos* (Deus). Literalmente, *entheos* significa "ter um Deus dentro de si".

Portanto, o entusiasmo é muito mais do que simplesmente estar animado; é uma força vital que conecta o nosso ser interior com algo grandioso, seja uma ideia, um objetivo ou um propósito, que nos faz viver com mais intensidade e significado.

O entusiasmo é a faísca inicial que impulsiona a enfrentar desafios e a perseguir nossos objetivos com determinação e autoridade. Pessoas entusiasmadas são contagiantes; seu fervor pode inspirar e motivar os outros a agir. O entusiasmo não só alimenta nossa própria jornada, mas também ilumina o caminho para aqueles que nos seguem. Ele é o combustível que nos mantém em movimento, mesmo diante das adversidades e lutas do dia a dia.

---

[42] ALBERTO ROITMAN (Brasil). Sua alegria irrita as pessoas do seu trabalho?. 30 jan. 2022. **LinkedIn**: Alberto Roitman. Disponível em: https://pt.linkedin.com/pulse/sua-alegria-irrita-pessoas-do-seu-trabalho-alberto-roitman. Acesso em: 30 ago. 2024.

Para deixar um legado de entusiasmo, é essencial abraçar incondicionalmente nossas paixões, interesses e propósito. Quando estamos genuinamente entusiasmados com o que fazemos, essa energia é transmitida aos que estão ao nosso redor, incentivando-os a encontrar e seguir suas próprias paixões. O Método Arena de Vendas© é a prova concreta do poder do entusiasmo. Ele funciona como um vírus positivo que contamina todas as equipes das empresas, abrangendo todos os departamentos: vendas, pós-venda, administrativo, estoque, marketing, segurança, recepção, limpeza, entre outros. Todos são inspirados a compartilhar o mesmo propósito: encantar os clientes. Essa magia contagiante permeia toda a organização, impactando positivamente a experiência dos clientes antes mesmo de eles realizarem a compra.

Assim como o entusiasmo contagia e inspira, a motivação é a força interna que nos impulsiona a alcançar nossos objetivos. Ela pode ser intrínseca, originando-se de dentro de nós, ou extrínseca, estimulada por fatores externos. A chave para um legado duradouro é cultivar a motivação intrínseca, pois ela é sustentável e autêntica, tornando-se uma cultura da empresa.

Líderes e influenciadores que deixam um legado de motivação são aqueles que conseguem inspirar os outros a encontrar suas próprias razões para agir. Eles não apenas mostram o caminho, mas também ajudam os outros a descobrir suas próprias motivações internas. Esse tipo de motivação cria um ciclo virtuoso, em que cada pessoa motivada tem o potencial de motivar outras, ampliando os benefícios ao longo do tempo.

Mas, além da motivação, a inspiração é o que nos eleva e nos faz acreditar no impossível. Inspirar é muito mais do que motivar; é ser uma referência a ser seguida, é tocar o coração e a mente das pessoas de maneira profunda e verdadeira.

Aqueles que deixam um legado de inspiração são vistos como modelos a serem seguidos, suas histórias e ações ressoam e permanecem na memória por onde passam. Para ser uma fonte de inspiração, é fundamental ser autêntico e transparente. Compartilhe seus sucessos e fracassos, suas lutas e triunfos; isso demonstra aos outros que o caminho para o sucesso é repleto de desafios, mas também de conquistas e recompensas. A inspiração vem do exemplo, e nosso legado é fortalecido quando vivemos de acordo com nossos valores e princípios. Assim, servimos como um farol para ajudar os navios durante a tempestade a chegarem seguros ao seu destino.

Sabe por que um farol é tão importante durante a noite ou em uma tempestade? Nesses momentos, os navios precisam de orientação para navegar em meio a ventos fortes, ondas altas e visibilidade reduzida; o farol fornece um ponto de referência fixo, ajudando os marinheiros a se orientarem e evitarem áreas perigosas, como rochedos e recifes. A luz do farol é a segurança que guia os navios para áreas seguras e portos, prevenindo naufrágios e acidentes. A presença constante do farol traz esperança e confiança para as tripulações dos navios, mesmo nas condições mais adversas, oferecendo um símbolo de seguir em frente para aqueles no mar, lembrando-os de que há um caminho seguro a seguir.

Alegria em servir: o coração do legado

Servir aos outros com alegria é talvez o alicerce mais fundamental de um legado duradouro. A verdadeira alegria em servir surge de um espírito de generosidade e amor genuíno que vem do coração e sem esperar algo em troca. Quando nos dedicamos a ajudar os outros sem esperar nada em troca, criamos um impacto positivo que reverbera através do tempo. A filosofia omotenashi ilustra essa ideia de forma brilhante: servir sem esperar retorno é uma abordagem revolucionária no mundo das vendas e, acredite, traz recompensas incalculáveis.

Aqueles que deixam um legado baseado no serviço ao próximo são lembrados não apenas por suas ações, mas pelo efeito que tiveram sobre as pessoas. Eles demonstram que a verdadeira realização vem de contribuir para o bem-estar dos outros. O ato de servir com alegria enobrece tanto quem recebe quanto quem oferece, tecendo uma rede de gratidão, bondade e respeito mútuo.

Construir um legado fundamentado em entusiasmo, motivação, inspiração e alegria em servir é uma jornada que se renova continuamente. Trata-se de viver de maneira que nossas ações reverberem positivamente na vida dos outros. É ser um catalisador de mudança e um farol de esperança para quem nos cerca. Ao incorporar esses valores, não só transformamos nossas próprias vidas, mas também deixamos um impacto duradouro que continuará a influenciar e inspirar as gerações futuras.

Após explorar a importância de manter seu legado mesmo que sua felicidade incomode os outros, é essencial considerar como você deseja ser percebido no mundo digital também. Assim como um legado é construído por meio de ações e valores, sua presença nas redes sociais também deve refletir quem você é como pessoa e como profissional, e o impacto que deseja ter nesse importante ambiente.

A seguir, vamos abordar como você pode projetar a sua imagem nas redes sociais para que ela esteja alinhada com seus princípios e objetivos, garantindo que sua autenticidade e legado resplandeçam em cada post e interação. Vire a página!

Principais aprendizados deste capítulo

- No mundo das vendas, sempre haverá aqueles que, como as hienas, criticam as boas ações e inovações dos outros vendedores. Eles podem se sentir ameaçados pelas novas abordagens ou simplesmente preferem se apegar às formas antigas de fazer as coisas. Como Zuri, persista em suas boas práticas e inovações, pois o sucesso será alcançado de maneira mais eficiente e eficaz.

- Entusiasmo é a energia que impulsiona todas as nossas ações. É a paixão ardente que nos motiva a enfrentar desafios e a perseguir nossos objetivos com vontade. Pessoas entusiasmadas são contagiantes; seu fervor pode inspirar e motivar os outros a agir.

- A inspiração vem do exemplo, e nosso legado é fortalecido quando vivemos de acordo com nossos valores e princípios. Servimos como um farol para ajudar os navios durante a tempestade a chegarem seguros ao seu destino.

- Aqueles que deixam um legado de servir aos outros serão lembrados não apenas pelo que fizeram, mas por como fizeram os outros se sentirem.

Jornada 8:
Fuja das hienas

Nesta jornada, você descobrirá como evitar distrações e manter-se focado nos seus objetivos. Fuja das hienas que o desviam do sucesso e aprenda a tomar as decisões que o colocarão no topo. Jogue agora!

https://qrco.de/bengeder14

CAPÍTULO 15

PASSO 11: COMO VOCÊ É VISTO NA NOVA VITRINE

Rede social como cartão de visitas, a tecnologia ao seu favor

> "Não basta ser, é preciso parecer."
> – Sonia Mazetto[43]

Você deve estar se perguntando: que vitrine é essa? Onde está essa "nova vitrine"? Como posso encontrá-la? O que a torna tão especial? Seu questionamento é natural, e é exatamente por isso que quero tratar dessa ferramenta incrível com o cuidado que ela merece. Afinal, estamos falando do futuro e da prosperidade do seu negócio e empresa, seja você um empresário, profissional liberal, vendedor de produtos ou de serviços.

O mundo digital pode gerar insegurança, especialmente quando somos confrontados com o desconhecido. A resistência em usar as redes sociais como aliadas, como verdadeiras ferramentas de negócios, ainda é um desafio para muitos profissionais. Eu, que nasci na década de 1970, sou um analógico de nascimento. Talvez você também se identifique com isso. Fomos treinados e nos acostumamos com o palpável, o tangível.

Mas, neste capítulo, quero ajudar a moldar seu modelo mental para abraçar essa nova rede de conexões – essa nova vitrine – que pode alcançar todos os cantos do planeta. Vamos explorar a "nova vitrine" e como você é percebido nela. Discutiremos também as evidências da Era Digital, que nos fornecerão as informações e a visão estratégica necessárias para que você brilhe no ambiente digital.

Você verá que pode (e vai) transformar as redes sociais em aliadas poderosas para o crescimento e sucesso do seu negócio e da sua marca!

---

[43] MAZZETO, S. Não basta ser, é preciso parecer. **Expia News**, 27 fev. 2023. Disponível em: https://www.expianews.com/artigo/12/nao-basta-ser-e-preciso-parecer. Acesso em: 30 ago. 2024.

O cenário digital nos últimos anos

O ano de 2020 trouxe profundas mudanças nos hábitos digitais em todo o mundo. Com a pandemia de Covid-19, o consumo de informações nas redes sociais disparou e, mesmo após o período crítico, permaneceu elevado. Esse aumento de engajamento acabou impactando diretamente o ranking das dez redes sociais mais usadas no Brasil.

Ao final de 2022, os brasileiros estavam passando, em média, três horas e 46 minutos por dia conectados às redes sociais, um tempo significativo que nos coloca atrás apenas dos nigerianos, que passam quase uma hora a mais em seus smartphones. Esse aumento no tempo de uso consolidou o TikTok no cenário nacional, conquistando não só os jovens, mas também celebridades e marcas. Além disso, pela primeira vez, o Kwai entrou na lista da RD Station (empresa de marketing que faz gestão de redes sociais), surpreendendo por ainda ser desconhecido por muitos.

Essas mudanças no cenário digital trouxeram algumas surpresas, como o WhatsApp liderando a lista das redes sociais mais usadas no Brasil, com mais de 169 milhões de usuários. O YouTube, com 142 milhões, e o Instagram, com 113 milhões, seguem na segunda e terceira posições, respectivamente. O Facebook, que já foi a principal plataforma, agora ocupa o quarto lugar, seguido por TikTok, LinkedIn e outras redes.

Com o papel cada vez mais central das mídias digitais, as estratégias de marketing e publicidade das empresas também evoluíram. O crescimento do e-commerce no Brasil é um reflexo direto dessa mudança. Segundo uma pesquisa do grupo Geopost, divulgada pelo blog *Propmark*, o comércio eletrônico alcançou 10% do varejo total em 2023, com 68% da população comprando on-line – um aumento de três pontos percentuais em relação ao ano anterior.

Essa evolução no comportamento do consumidor também se reflete nas categorias de produtos mais comprados. Os brasileiros estão adquirindo itens de pelo menos quatro categorias diferentes, com moda liderando (48%), seguido por calçados e produtos de beleza e cuidados com a saúde (43% cada). O destaque do ano foram os itens automotivos, que registraram o maior crescimento, chegando a 14% das menções.

O e-commerce tem se mostrado uma solução eficiente para os consumidores, com 79% deles afirmando que comprar on-line economiza tempo, enquanto 65% consideram o método menos estressante do que as lojas físicas. Além disso, 53% destacam a conveniência das compras on-line, o que fortalece ainda mais o papel do digital nas estratégias de negócios.[44]

Você deve perceber como precisamos colocar os nossos produtos e serviços para serem vistos na nova vitrine, bem como para criarem conexão e relacionamento com os nossos clientes. Para tanto, é necessário aplicar estratégias que permitam pulverizar a sua base de contatos/clientes em potencial para converter esses leads em clientes reais.

Lembre-se: as redes sociais também são canais de relacionamento para manter o nosso funil de vendas transbordante, como vimos no Capítulo 13. Existem muitos caminhos para manter contato com os clientes nas redes sociais, e listei a seguir cinco dicas de ouro que o ajudarão a criar mais leads, converter e reter clientes. Vamos lá?

Dica 1 – Encontre bons leads e descubra mais sobre eles

Lead é vida, o universo do seu negócio! O primeiro passo é criar leads (isto é, os clientes em potencial), obtendo informações para conduzi-los ou aquecê-los por e-mail, telefone, celular, redes sociais, entre outros. Se você atendeu alguém e não coletou informações para cadastro, perdeu a oportunidade de criar um lead e uma conexão valiosa.

Criar e manter uma base de clientes higienizada e atualizada é fundamental. Ter uma base de CRM (Customer Relationship Management – gerenciamento de relacionamento com o cliente) bem gerida, sobre a qual discutiremos mais adiante, ou trabalhar com uma base já existente irá gerar ótimos resultados para as suas vendas. É essencial entender quem são essas pessoas e qual solução exclusiva você pode oferecer a elas. Definir o perfil do cliente facilita a busca e a conexão com quem

---

[44] PESQUISA E-Shopper Barometer promove insights preciosos em favor da boa experiência de compra dos consumidores. **E-CommerceBrasil**, 12 jun. 2024. Disponível em: https://www.ecommercebrasil.com.br/artigos/pesquisa-e-shopper-barometer-promove-insights-preciosos-em-favor-da-boa-experiencia-de-compra-dos-consumidores. Acesso em: 2 set. 2024.

precisa ou deseja o seu produto ou serviço. Desde o início, é fundamental planejar a qualificação de um lead: idade, sexo, estilo de vida, profissão, necessidades, compras anteriores e datas comemorativas para pessoas físicas, ou ainda o posicionamento de mercado, área de atuação, tamanho e história para empresas. Quanto mais informações, maiores as chances de conexão e fechamento da venda.

Conhecer o cliente ajuda a identificar pontos de conexão importantes desde o início, levando a conversa adiante de forma leve e amistosa, com autoridade e confiança.

Dica 2 – Seja claro e apresente soluções para o problema do lead/cliente

Ao se aproximar de um lead, é crucial estar no estado mental e emocional adequado ao momento do cliente. Ele deve perceber que você quer ajudá-lo e se importa com suas dores, sem empurrar seu produto ou serviço de imediato. Seja estratégico, como em um jogo de xadrez, movendo cada peça cuidadosamente e prestando atenção aos detalhes.

Não venda apenas produtos ou serviços; ofereça soluções para os problemas do cliente. Mostre que você pode realmente ajudá-lo, fornecendo algo de valor e exclusivo. Explique como suas soluções têm beneficiado outros clientes, apresentando números e resultados. Não hesite em usar provas sociais para demonstrar seu sucesso. Sem forçar a barra, apresente os seus números de sucesso.

Dica 3 – Foco exclusivo no lead/cliente

Empatia, simplicidade e agilidade no atendimento são essenciais para causar uma boa primeira impressão. Uma pessoa que acabou de conhecê-lo dificilmente dará mais de cinco minutos para você explicar tudo o que oferece. O segredo para ganhar a atenção do cliente é focar a conversa inicial nele, e não em você ou em seus produtos ou serviços.

Uma boa técnica é fazer perguntas relevantes e buscar respostas afirmativas do lead. Por exemplo: "O senhor está procurando um carro versátil e robusto para as estradas do Brasil?", ou "Busca um carro seguro para a sua família, correto?". Apresente-se pelo nome e faça perguntas que importam, como o nome do cliente e como ele gostaria de ser chamado. Procure saber mais sobre seu estilo de vida, família e trabalho. Faça-o sentir que está sendo ouvido e que você realmente se importa com ele e sua história.

Dica 4 – Construa relações que irão durar
Faça o lead ou cliente entender que ele não está perdendo tempo com um "papo de vendedor". Mostre que ele está ganhando ao criar uma relação de parceria e benefício mútuo. Ele é o centro do seu negócio.

Demonstre sua experiência e preocupação em entregar soluções, fazendo com que ele se sinta seguro com você. Mostre que você busca continuidade, não apenas uma venda. Destaque que deseja indicações e recomendações pela experiência positiva que proporcionou.

Dica 5 – Seja normal e humano mesmo no digital
O atendimento humanizado é sempre o segredo! Em vez de destacar todos os problemas que sua "solução premium" resolve logo de início, conecte-se primeiro com as dores, os desafios e anseios do cliente. Entenda que, mesmo sendo uma empresa, há uma pessoa do outro lado da conversa.

É crucial que o cliente sinta que pode confiar em você, que você também é humano e se importa com suas necessidades e dores. Essa atitude pode fazer com que ele o ouça e valorize sua oferta, permitindo que você mostre os benefícios do seu produto ou serviço.

Se você não sabe como abordar um cliente de forma digital, provavelmente está perdendo muitas vendas. Uma atitude correta na nova vitrine o ajudará a alcançar mais que o seu objetivo ou sua meta de vendas: também será útil para atrair e fidelizar clientes.

Como você quer ser visto na rede social?
Uma pergunta recorrente em meus workshops e palestras é como se apresentar nas redes sociais, que são a nova vitrine para manter um bom relacionamento com os clientes. Muitos questionam se o ideal é ter dois perfis distintos nas redes sociais. Minha experiência mostrou que é mais prático ter uma única conta pessoal e profissional. Ter duas contas pode ser estressante e difícil de gerenciar.

No entanto, é importante ter em mente que fotos de status, perfil e publicações são visualizadas por todos, tornando sua vida um livro aberto. Se você utiliza a mesma conta para assuntos profissionais e pessoais, tenha cuidado com o que compartilha, pois sua imagem agora é pública.

Durante uma palestra, uma gerente compartilhou que desistiu de comprar um imóvel após seguir o corretor no Instagram e ver fotos dele embriagado em festas. Isso destruiu a confiança. Portanto, cuidado com postagens descuidadas!

Como quer ser visto: como um profissional ou como um amador? Você decide!

Para maximizar seu desempenho, aumentar o engajamento e fortalecer sua marca on-line, vou apresentar um guia passo a passo. Vamos explorar juntos como transformar sua presença nas redes sociais em uma ferramenta poderosa para o sucesso na sua imagem e vendas.

1º passo – Escolha fotos "matadoras" para o perfil e a capa

Não se esqueça: sua imagem pessoal é a mensagem principal e chega antes de você! Quem é você nas redes? O cliente sempre quer saber. O primeiro passo para usar redes sociais profissionalmente é publicar uma foto que demonstre quem você é: um profissional de negócios com autoridade. No mundo corporativo, não há espaço para amadorismo.

Cuidado! Fotos com bebida alcoólica ao volante, sem camisa, em biquíni expondo o corpo, com estado emocional alterado ou em festas exageradas não transmitem credibilidade nem autoridade. Tenha cautela com o conteúdo que posta, tenha sabedoria ao escolher o que vai postar. Evite excesso de ideias políticas, religiosas ou polêmicas. Você não pode se dar ao luxo de perder clientes por uma imagem inadequada ao negócio que você representa. Agora, se você trabalha no mundo fitness ou outro nicho similar, a exposição do corpo físico é necessária para o seu negócio e o resultado que você tem como promessa. Tenha sabedoria com as suas postagens.

Todo cliente é único e importante. Faça-o sentir-se assim, especialmente quando estiver em contato com seu perfil, seja nas redes sociais, no telefone ou no e-mail. Pergunte-se: como o cliente quer ver você nas redes sociais? A ênfase deve ser no seu negócio e no resultado que você está vendendo.

Ao usar seu perfil pessoal para o trabalho, esteja atento ao que compartilha, pois o que seus amigos e familiares veem também será visto pelos clientes. Escolha uma foto que represente seu momento profissional. Lembre-se: o profissional de vendas é "VOCÊ S/A", não sua família ou animal de estimação. Quando o cliente procurar por você, ele deve reconhecê-lo por sua aparência e seu estilo.

Bem, vou desafiá-lo a interromper sua leitura agora. Pegue seu smartphone e tire uma foto incrível para postar nas suas redes sociais. Se não puder fazer isso agora, anote para fazer em breve! Vamos lá!

Essa será sua nova foto de perfil no WhatsApp, YouTube, Instagram, LinkedIn, entre outras. Caprice no look: roupa, maquiagem, cabelo e acessórios. Mostre todo o seu potencial profissional, mas cuidado para não exagerar, tenha sabedoria, como falamos há pouco.

2º passo – Seu nome e as informações sobre você

Como é o nome do seu perfil ou bio? É muito comum ou conhecido? Pense em usar uma palavra-chave ou apelido que facilite ser encontrado nas redes sociais. Talvez você já seja chamado assim e não tenha percebido o potencial. Por exemplo: R7, Bolt, Boca, Penélope Charmosa. Demorei para adotar o meu Ben como nome a ser lembrado pelos clientes, sempre preferi o Ben-Geder, mas em tempo mudei e obtive muitos resultados positivos. Encontre a melhor forma de ser lembrado e conectado com os clientes, sempre existe tempo para mudar.

Quais informações você divulga sobre si? Adjetivos e resultados são importantes. Fale da sua missão profissional e do que deseja transmitir com suas postagens. Inclua a melhor forma de contato. Use provas sociais, como "+XX clientes atendidos" ou "+XX contratos fechados". Informações como anos de experiência e currículo são menos relevantes. Foque os resultados e as soluções que você entrega para fortalecer sua autoridade.

Adoro desafiar você, já sabe! Aproveite e escreva agora seu perfil e bio usando as estratégias que compartilhei. Essa será sua nova identidade nas redes sociais, no WhatsApp, Instagram, LinkedIn, entre outras. Seja objetivo e não se estenda demais na descrição.

3º passo – Publicação, mensagem, post, *collab*, *reel*, *story* e outros

Fazer variações de postagens nos diferentes ambientes das suas redes sociais aumenta seu tráfego digital, alcançando mais visualizações e engajamento. Isso gera mais relevância e visibilidade, permitindo que as redes trabalhem a seu favor. Escreva corretamente, sem gírias ou palavras de baixo calão. Revise seus textos antes de postar para confirmar sua autoridade e ganhar a confiança do cliente. Lembre-se: a confiança começa na marca, passa pela loja ou grupo econômico e termina em você. Cumpra prazos e promessas sempre.

Crie uma rotina de acompanhamento diário sem se tornar escravo das redes sociais. Monitore perguntas e solicitações regularmente, utilizando alertas de mensagens. Nossa capacidade de adaptação e inovação é testada diariamente; adote um mindset vencedor para crescer no mercado mesmo sem contato presencial, use a nova vitrine.

Gerenciar seu tempo é fundamental. Como discutido sobre ser protagonista da sua história, disciplina e atenção são essenciais. Evite distrações que roubam seu tempo. Para extrair o melhor dos recursos digitais, é preciso disciplina, autocontrole e coerência.

E lembre-se: no ambiente digital, o cliente está no showroom 24 horas por dia, 7 dias por semana.

Não existe sorte ou fidelidade; oportunidades surgem para quem aparece estrategicamente nas redes, se prepara e aproveita cada chance. Aprenda a fazer vídeos e fotos elaborados. Treine constantemente.

Vamos fazer mais uma dinâmica? Identifique a rede social que mais usa e descubra a preferência do cliente. O cliente deve se sentir à vontade no canal que prefere, e você deve entregar conteúdo relevante.

Dicas extras

A disciplina digital é fundamental para você viver as oportunidades da "nova vitrine". Para evitar interpretações inadequadas, tanto dos seus clientes quanto de seus colegas de trabalho, e também dos amigos e familiares, vou dar duas dicas para você separar a vida pessoal e profissional corretamente.

Dica 1 – Cuidado com aquilo em que marcam você

Independentemente de ter perfis separados para trabalho e vida pessoal, é crucial evitar ser marcado em fotos que possam prejudicar sua reputação e imagem profissional.

Dica 2 – Atenção ao que você compartilha e reposta

Tenha cautela com o conteúdo que replica de outros perfis ou posta em suas redes. Evite postagens com teor ofensivo, mesmo humorísticas, e temas relacionados a futebol, religião, política, tragédias, ou imagens e vídeos pessoais que possam ser considerados impróprios. Foque em criar e compartilhar conteúdos úteis que fortaleçam seu negócio. Lembre-se, você não sabe quem está do outro lado da mensagem e pode estar lidando com diferentes culturas e costumes. Ser neutro pode ajudar a evitar conflitos com variados tipos de público.

Após definir como você quer ser visto nas redes sociais e compreender a importância de uma presença digital autêntica, é hora de buscar inspiração nos exemplos ao nosso redor. No próximo capítulo, exploraremos as histórias de pessoas que se destacam por seu caráter, suas atitudes, sua humildade e relevância na sociedade. Essas figuras exemplares não apenas servem como modelos a seguir, mas também nos mostram que a verdadeira influência é construída sobre valores sólidos e ações significativas. Vamos mergulhar em suas trajetórias e aprender com suas experiências.

Principais aprendizados deste capítulo

- É natural sentir-se inseguro ao explorar novas tecnologias e plataformas, especialmente quando se trata de algo tão dinâmico e em constante evolução como as redes sociais. Muitas pessoas temem cometer erros que possam prejudicar sua imagem ou marca. A chave para superar essa insegurança é a preparação, o conhecimento e a experimentação.

- Existem muitos caminhos para manter contato com os clientes nas redes sociais, e listei cinco dicas de ouro para você colocar na sua rotina diária e criar mais leads, converter e reter clientes.

- Destacar-se na "nova vitrine" é essencial no mundo digital de hoje. Há um passo a passo simples e eficaz, dividido em três passos, para ajudar você a maximizar seu desempenho, aumentar o engajamento e fortalecer sua marca on-line.
    - 1º passo – Escolha fotos "matadoras" para o perfil e a capa.
    - 2º passo – Seu nome e as informações sobre você.
    - 3º passo – Publicação, mensagem, post, *collab*, *reel*, *story* e outros.

- O seu objetivo principal com a nova vitrine é converter leads em clientes.

CAPÍTULO 16

PASSO 12: MODELE OS MELHORES

Como eles chegaram ao topo?

"Nada é fácil; se você tem uma meta, você só tem que se doar por inteiro."
– Usain Bolt[45]

Em um mundo onde a competição é acirrada e o sucesso parece ser reservado a poucos, a pergunta que frequentemente chega ao meu coração é: *Por que apenas alguns alcançam o topo? O que distingue os melhores dos demais? O que torna pessoas comuns em pessoas extraordinárias e excelentes no que fazem?*

Este capítulo mergulha nas histórias e estratégias de pessoas comuns que se destacaram em suas respectivas áreas, oferecendo uma análise detalhada dos fatores que contribuíram para sua trajetória, desafios diários e as lutas para conquistar o sucesso.

Modelar os melhores não é imitação cega, mas entender princípios e práticas que os tornaram líderes. Vamos examinar características como mentalidade de crescimento, resiliência, dedicação, inovação e adaptação. Analisaremos casos reais, desvendando estratégias que você pode aplicar em sua jornada.

Vamos lembrar alguns esportistas que não só alcançaram o topo de suas carreiras, mas também inspiraram milhões com suas histórias de perseverança e trabalho duro.

---

[45] BOLT, U. Nothing comes easy... **Facebook**, 11 fev. 2026. Disponível em: https://www.facebook.com/story.php?story_fbid=10154537392518858&id=20242388857&p=30&_rdr. Acesso em: 2 set. 2024.

Atletas de renome

Quero começar pelo futebol, um esporte admirado globalmente que movimenta bilhões de dólares e atrai multidões aos estádios, gerando muita vibração, alegria, suor e lágrimas. Como não mencionar primeiro o inesquecível Pelé (Edson Arantes do Nascimento), considerado o maior jogador de futebol da história, vencedor de três Copas do Mundo com a seleção brasileira em 1958, 1962 e 1970.

Pelé é famoso não só por seu talento natural, mas também por sua ética de trabalho incansável. Antes de se tornar um grande empresário, ele se destacava pela dedicação nos treinos, chegando mais cedo e saindo mais tarde que seus colegas. Durante sua carreira no Santos Futebol Clube, Pelé era frequentemente o primeiro a chegar ao campo de treinamento e o último a sair. Ele acreditava que, para ser o melhor, precisava se esforçar mais que qualquer outro jogador.

Ele não apenas participava dos treinos regulares, mas também dedicava tempo extra para aperfeiçoar suas habilidades, praticando chutes a gol, dribles e condicionamento físico. Uma história comum é que, enquanto a maioria dos jogadores do Santos terminava o treino e ia para casa, Pelé permanecia no campo, colocando cones para praticar dribles ou pedindo a um goleiro reserva para ajudar nos chutes a gol. Ele também fazia exercícios físicos adicionais, como corridas e treinos de força, sempre buscando superar seus limites.

Esse comprometimento com o treino e a busca constante pela perfeição ajudaram Pelé a desenvolver a técnica, o condicionamento físico e a visão de jogo que o tornaram uma lenda. Sua dedicação não só inspirou seus colegas de equipe, mas também gerações futuras de jogadores, mostrando que, além do talento, o trabalho árduo e a determinação são cruciais para alcançar a excelência no esporte e em qualquer área dos negócios.

Outro jogador de futebol incrível lembrado neste livro é Ronaldo, o Fenômeno, considerado um dos maiores jogadores de todos os tempos. Sua carreira foi marcada por habilidades extraordinárias, sucesso em clubes e na seleção, além de superar graves lesões que poderiam ter encerrado sua trajetória precocemente. No entanto, Ronaldo persistiu e redefiniu o que significa ser um atacante moderno.

Ronaldo deixou um legado que influenciou gerações de atacantes. Ele foi reconhecido com inúmeros prêmios individuais e coletivos, incluindo três prêmios de Melhor Jogador do Mundo pela FIFA e duas Bolas de Ouro. Sua carreira é um exemplo perfeito de como talento, trabalho duro e determinação podem superar os maiores obstáculos, inspirando atletas e fãs ao redor do mundo.

Outro jogador que é um dos maiores de todos os tempos é Cristiano Ronaldo, também conhecido como CR7. Sua lista de conquistas inclui múltiplos títulos da Liga dos Campeões da UEFA (União das Associações Europeias de Futebol) e campeonatos nacionais na Inglaterra, Espanha e Itália. Ele ganhou a Bola de Ouro diversas vezes e é o maior artilheiro de todos os tempos tanto da Liga dos Campeões quanto da seleção portuguesa.

Além de suas habilidades em campo, CR7 é um líder dentro e fora do campo. Ele inspira seus colegas de equipe com sua dedicação e atitude vencedora, e é um ícone global que influencia milhões de fãs ao redor do mundo. Sua presença nas redes sociais é massiva, onde compartilha insights sobre sua vida saudável e treinos, inspirando outros a seguirem seu exemplo de trabalho duro e dedicação.

Características em comum

Os atletas mencionados têm várias características em comum que os ajudaram a alcançar o topo de suas carreiras. Vamos conhecer sete delas a seguir.

1ª característica – Dedicação e trabalho duro

Todos eles demonstram um compromisso inabalável com seus treinos e preparação incansável. A ética e respeito ao trabalho que escolheram é marcada por uma vontade de treinar mais intensamente e por mais tempo do que seus concorrentes, revelando uma paixão profunda pelo que fazem.

2ª característica – Resiliência e persistência

Enfrentando e superando adversidades, cada um desses atletas mostrou uma capacidade notável de perseverar diante de desafios, lesões e derrotas. Sua determinação em continuar lutando pela excelência, mesmo nos momentos mais difíceis, é uma característica marcante.

3ª característica – Foco e determinação

Com objetivos claros em mente, eles se mantêm focados e determinados a alcançá-los. Sua capacidade de evitar distrações e manter uma mentalidade competitiva é essencial para o sucesso contínuo deles.

4ª característica – Habilidade e talento natural

Embora tenham talentos excepcionais no esporte, eles não dependem apenas de suas habilidades naturais. Continuamente aprimoram as competências, demonstrando que a prática e o desenvolvimento constante são cruciais para se manterem no topo.

5ª característica – Inovação e adaptação

Introduzindo novas técnicas e abordagens, esses atletas mostraram uma capacidade de inovar dentro de seus esportes. Eles também se adaptam facilmente a novas condições, regras e concorrentes, o que lhes permite permanecer competitivos ao longo do tempo.

6ª característica – Mentalidade de campeão

A confiança inabalável em suas próprias habilidades e um desejo ardente de vencer são características fundamentais. Essa mentalidade de campeão impulsiona seu sucesso e os inspira a serem os melhores em suas modalidades.

7ª característica – Suporte e equipe

Todos eles reconhecem a importância de uma rede de suporte sólida. Contando com treinadores, familiares e amigos, trabalham em estreita colaboração com suas equipes para otimizar seu desempenho, mostrando que o sucesso é frequentemente um esforço conjunto.

Essas características comuns a eles são fundamentais para entender o que diferencia esses atletas e como suas qualidades os impulsionam a alcançar níveis extraordinários de sucesso em suas carreiras. Quais dessas características você também tem na sua história? Que tal escrever com quais delas você mais se identifica?

Características que você tem em comum com esses grandes atletas:

_____

_____

Estratégias de campeões

Atletas de alto desempenho utilizam uma série de estratégias eficazes que contribuem para seu sucesso extraordinário nos seus respectivos esportes. Quero que você conheça as melhores estratégias desses gigantes. Será que podemos aproximá-las do mundo das vendas? Vamos testar!

1ª estratégia – Treinamento intenso e consistente[46]

Estes atletas mantêm uma rotina de treinamento rigorosa e consistente, personalizada para atender suas necessidades específicas. Eles investem pesadamente na preparação física, focando força, resistência e agilidade para garantir que estejam em sua melhor forma para competir.

Nas vendas: Os vendedores participam de treinamentos contínuos para atualizar as habilidades regularmente, além de cuidar da saúde física ao praticar esportes e treinos físicos com consistência.

2ª estratégia – Preparação mental

Utilizam técnicas de visualização para se preparar mentalmente para as competições, além de práticas como meditação e *mindfulness* para manter a concentração e a calma sob pressão.[47] A preparação mental é tão crucial quanto a física, permitindo-lhes lidar com o estresse e as exigências de seu esporte.

---

[46] **King Richard: criando campeãs** é um filme lançado em 2021, dirigido por Reinaldo Marcus Green e estrelado por Will Smith. O filme conta a história de Richard Williams, pai das lendárias tenistas Venus e Serena Williams, e seu papel fundamental na criação e no desenvolvimento de suas filhas como duas das maiores atletas da história do tênis.

[47] SHINYASHIKI, R. **O sucesso é ser feliz**. São Paulo: Gente, 2012.

Nas vendas: A gestão de estresse para se preparar para apresentações, reuniões, objeções e negociações torna os vendedores mais confiantes.

3ª estratégia – Nutrição e recuperação

Como máquinas que precisam estar em perfeito equilíbrio, seguem dietas rigorosas que otimizam seu desempenho físico, garantindo que seus corpos recebam a nutrição necessária para funcionar ao máximo. Eles também priorizam a recuperação, utilizando fisioterapia, massagens e descanso adequado para prevenir lesões e manter a saúde no longo prazo.

Nas vendas: Todo profissional de vendas deve buscar uma boa saúde física, afinal a sua carga horária é puxada. Levar comida saudável e lanchinhos de casa para comer melhor e ser mais saudável é uma boa estratégia. Ao praticar atividade física regular, valoriza-se o descanso adequado para repor as energias.

4ª estratégia – Estudo da concorrência e análise pessoal

Estudam seus concorrentes para identificar pontos fracos e desenvolver estratégias eficazes para superá-los. Além disso, revisam suas próprias performances para identificar áreas de melhoria, sempre buscando maneiras de se aperfeiçoar.

Nas vendas: Bons vendedores pesquisam a concorrência, assistem a vídeos, conhecem o mercado de atuação e utilizam métricas para melhorar continuamente as vendas, a sua performance pessoal e os resultados do negócio.

5ª estratégia – Definição de metas e objetivos

Estabelecem metas em curto e longo prazo, mantendo o foco e a motivação ao longo de suas carreiras. O planejamento estratégico é essencial, ajudando-os a organizar competições e períodos de descanso para maximizar o desempenho e a longevidade no esporte.

Nas vendas: Vendedores de alta performance definem metas claras todos os meses, estabelecem objetivos anuais e utilizam planejamento estratégico para gerar resultados reais e possíveis de mensurar para crescer sempre.

6ª estratégia – Inovação na técnica

Eles não têm medo de experimentar novas técnicas e abordagens para melhorar seu desempenho. Estão continuamente buscando aperfeiçoamento e inovação, o que lhes permite se manter à frente da concorrência e evoluir constantemente.

Nas vendas: Vendedores que estão à frente do seu tempo utilizam as redes sociais ao seu favor, criam conteúdos inspiradores e adotam novas abordagens e ferramentas de venda para criar experiências de venda únicas e inesquecíveis.

7ª estratégia – Competição e exposição pública

Competem regularmente para manter e elevar seus níveis de habilidade e experiência. Além disso, aproveitam oportunidades de visibilidade para aumentar sua notoriedade e obter patrocínios, o que não só impulsiona suas carreiras, mas também lhes dá uma plataforma para influenciar positivamente o esporte e a sociedade.

Nas vendas: Adoram competir de forma saudável e com *fair play*, sempre ambicionam ser os melhores da equipe. Engajam-se em networking, participam de encontros, associações, entidades de classe e palestras da sua área, buscam oportunidades para se destacar, em especial nas redes sociais e nos canais digitais.

Essas estratégias são fundamentais para o sucesso desses atletas, permitindo-lhes alcançar e manter níveis extraordinários de desempenho. A combinação de treinamento físico e mental, nutrição, recuperação, estudo e análise, definição de metas, inovação e exposição pública forma a base de suas carreiras vitoriosas e inspiradoras.

Paralelos entre os atletas de elite e os profissionais de vendas de elite

É possível também traçar diversas relações entre as características dos atletas de elite e os profissionais de vendas de elite, destacando como essas qualidades podem ser aplicadas para alcançar o sucesso em ambos os campos. Aqui estão algumas ideias de como fazer essas conexões:

1. Início precoce e paixão pelo esporte

Início na carreira: Profissionais de vendas que começam cedo e se apaixonam pela arte de vender tendem a desenvolver habilidades sólidas desde o início.

Paixão pelo trabalho: A paixão pelo que fazem pode impulsioná-los a se destacar e se manterem motivados no longo prazo.

Exemplo: Um vendedor que começa a se interessar e estudar técnicas de vendas desde cedo e que tem uma paixão genuína por ajudar os clientes a encontrarem soluções certamente estará à frente do seu tempo.

2. Dedicação e trabalho duro

Esforço consistente: Assim como os atletas, os profissionais de vendas precisam dedicar tempo e esforço constantes para aprimorar suas técnicas e alcançar suas metas.

Trabalho intenso: O sucesso nas vendas muitas vezes exige longas horas, persistência e dedicação inabalável.

Exemplo: Um vendedor que chega mais cedo à empresa e sai mais tarde, dedicando tempo extra para estudar novos produtos, aprimorar suas habilidades de apresentação e realizar mais chamadas de prospecção do que o esperado faz muita diferença para o resultado de vendas.

Quero lhe apresentar um exemplo de dedicação e trabalho duro em vendas:

João é um vendedor em uma empresa de tecnologia que lançou recentemente um novo software de gestão empresarial. Desde o lançamento, João decidiu que iria se destacar na área de vendas, atingir as metas do mês, o objetivo anual de vendas e ganhar o prêmio de melhor vendedor do ano.

O que João se propôs a fazer para conquistar esse pódio?

1. Estudo aprofundado: João começou dedicando horas extras para estudar todas as funcionalidades do novo software, os benefícios e atributos, entendendo profundamente como ele poderia beneficiar diferentes tipos de clientes.

2. Aperfeiçoamento das habilidades: Além de estudar o produto, João participou de workshops e treinamentos sobre técnicas avançadas de vendas e habilidades de apresentação.

3. Prospecção proativa: Ele adotou uma abordagem proativa, dedicando parte do seu tempo diário a fazer chamadas de prospecção, enviando e-mails

personalizados e agendando demonstrações do novo software com potenciais clientes.

4. Acompanhamento rigoroso: João acompanhou de perto cada lead, oferecendo suporte e informações adicionais sempre que necessário, mostrando-se disponível e comprometido com as necessidades deles.

5. Feedback e melhoria contínua: Após cada reunião ou demonstração, João solicitava feedback dos clientes e colegas, usando essas informações para melhorar continuamente sua abordagem de vendas.

Resultado: Graças à sua dedicação e ao seu trabalho duro, João não apenas alcançou suas metas, mas superou em 130% seu objetivo de vendas no primeiro trimestre após o lançamento do novo software. Ele se tornou o vendedor com maior performance na empresa, foi reconhecido publicamente pelo esforço e recebeu prêmio de melhor vendedor do ano, inspirando outros vendedores a seguirem o exemplo de dedicação, consistência e trabalho disciplinado. Esse exemplo ilustra claramente como a dedicação e o trabalho duro podem resultar em sucesso e reconhecimento em qualquer segmento, inclusive nas vendas.

3. Superação de adversidades

Resiliência: Enfrentar rejeições, metas desafiadoras e períodos de baixa performance é comum nas vendas. Profissionais resilientes são capazes de se recuperar e continuar avançando.

Aprender com os erros: Cada rejeição ou falha pode ser uma oportunidade de aprendizado e crescimento.

Exemplo: Um vendedor que enfrenta uma série de rejeições em um dia, mas, em vez de se desmotivar, analisa cada interação para identificar o que pode melhorar e como se preparar melhor para o próximo contato, entende que, a cada "não" recebido do cliente, está mais próximo do "sim" tão esperado.

4. Suporte familiar e rede de apoio

Suporte: Ter uma base sólida de suporte, seja da família, de amigos ou colegas, pode fornecer a motivação e o encorajamento necessários para superar desafios.

Mentoria: Buscar mentores e apoio dentro da comunidade de vendas ajuda no desenvolvimento profissional.

Exemplo: Um vendedor que conta com o apoio de sua família para entender os horários longos e a pressão do trabalho, e que participa de grupos de mentoria e networking para aprender com outros profissionais de vendas tem uma vida familiar mais saudável e promissora.

5. Disciplina e foco

Rotina estrita: Manter uma rotina disciplinada de prospecção, follow-up e fechamento de vendas é crucial.

Concentração nas metas: Foco em metas e objetivos, evitando distrações, é essencial para o sucesso nas vendas.

Exemplo: Um vendedor que segue de forma disciplinada um cronograma diário, uma agenda real, reservando blocos de tempo específicos para prospecção, follow-ups e desenvolvimento pessoal, e que evita distrações durante o horário de trabalho conquista mais oportunidades e consequentemente resultados em vendas.

6. Mentalidade de crescimento

Aprendizado contínuo: Estar sempre aprendendo novas técnicas de vendas, estratégias de marketing e tendências do mercado.

Adaptabilidade: Ser capaz de se adaptar rapidamente a mudanças no mercado e nas necessidades de cada tipo de cliente.

Exemplo: Um vendedor que busca constantemente novas oportunidades de treinamento, participa de workshops e está sempre disposto a aprender novas técnicas de venda e estratégias de mercado prospera mais que os seus colegas.

7. Ambição e competitividade

Desejo de ser o melhor: Profissionais de vendas ambiciosos e competitivos são impulsionados a atingir e superar metas.

Competitividade saudável: Competir com colegas de maneira saudável, com *fair play*, pode motivar todos a melhorar seu desempenho.

Exemplo: Um vendedor que estabelece metas ambiciosas para si mesmo, como ser o melhor vendedor do trimestre, e que usa a competitividade saudável com os colegas para impulsionar seu desempenho tem mais energia e mais resultados.

8. Impacto e legado

Construção de relacionamentos: Criar um impacto positivo nos clientes e construir um legado de confiança e excelência no atendimento.

Reputação duradoura: Deixar um legado de profissionalismo e sucesso que inspira outros no mercado de atuação.

Exemplo: Um vendedor que se preocupa genuinamente com a satisfação do cliente e trabalha para construir relacionamentos de longo prazo, criando experiências de compra memoráveis com base na filosofia omotenashi, se torna uma referência confiável e respeitada, gerando clientes para toda a vida.

9. Reconhecimento e prêmios

Alcance de metas: Trabalhar arduamente para alcançar e superar metas pode levar a reconhecimento, bônus e prêmios.

Motivação: O reconhecimento pelo trabalho bem-feito pode servir como uma motivação poderosa para continuar se esforçando.

Exemplo: Um vendedor que se esforça para alcançar e superar suas metas de vendas consegue reconhecimento mediante prêmios mensais de desempenho, bônus e promoções.

10. Resiliência mental e inteligência emocional

Lidar com pressão: A habilidade de manter a calma sob pressão e enfrentar desafios de frente é vital.

Mentalidade positiva: Manter uma mentalidade positiva e otimista, mesmo em face de adversidades, pode ajudar a manter o desempenho alto.

Exemplo: Um vendedor que enfrenta a pressão das metas de fim de mês com calma e otimismo, utilizando técnicas de meditação ou *mindfulness* para manter a clareza mental e a energia alta durante os períodos mais estressantes, protege sua saúde física e conquista mais aliados.

Ao traçar essas relações, meu objetivo é inspirar você, profissional de vendas, a adotar as qualidades e estratégias que ajudam os atletas a alcançar o topo de suas carreiras. A mensagem central é clara: assim como no esporte, o sucesso nas vendas exige paixão, competitividade, dedicação incansável, dor, resiliência e uma mentalidade de crescimento contínuo.

Bem, é hora de você aplicar esses ensinamentos, levando suas vendas ao nível máximo. Aproveite a inspiração dos grandes para criar um oceano de oportunidades e sucesso!

Principais aprendizados deste capítulo

- As sete características comuns entre os atletas são fundamentais para entender o que os diferencia e como suas qualidades os impulsionam a alcançar níveis extraordinários de sucesso em suas carreiras. Relembre-as abaixo:
    - 1ª característica – Dedicação e trabalho duro.
    - 2ª característica – Resiliência e persistência.
    - 3ª característica – Foco e determinação.
    - 4ª característica – Habilidade e talento natural.
    - 5ª característica – Inovação e adaptação.
    - 6ª característica – Mentalidade de campeão.
    - 7ª característica – Suporte e equipe.

- Conhecer melhor as sete principais estratégias comuns a esses gigantes nos permite aproximá-las do mundo das vendas. Relembre-as a seguir:
    - 1ª estratégia – Treinamento intenso e consistente.
    - 2ª estratégia – Preparação mental.
    - 3ª estratégia – Nutrição e recuperação.
    - 4ª estratégia – Estudo da concorrência e análise pessoal.
    - 5ª estratégia – Definição de metas e objetivos.
    - 6ª estratégia – Inovação na técnica.
    - 7ª estratégia – Competição e exposição pública.

CAPÍTULO 17

ELEVE SUAS VENDAS AO NÍVEL MÁXIMO

Um oceano de inspiração e motivação

"Nós somos aquilo que fazemos repetidamente. Excelência, portanto, não é um ato, e sim um hábito."
– Will Durant[48]

Agora você já conhece a trajetória que o levará a se tornar um verdadeiro ícone no seu negócio ou marca. Aquela pessoa que é referência, um modelo a ser seguido, uma fonte de inspiração para todos ao seu redor. Por meio desta leitura, embarcamos juntos em uma jornada profunda de inspiração e motivação para que você alcance esse patamar excepcional.

É uma alegria imensa ver profissionais de vendas realizando não apenas os próprios sonhos, mas também os dos seus clientes, graças à aplicação do método que compartilhei com você. O mais surpreendente é que essas conquistas vieram de mudanças aparentemente simples no dia a dia, na forma de pensar e agir. Com essas transformações, eles estão alcançando resultados extraordinários.

Mas que tal explorarmos algumas estratégias adicionais para fortalecer ainda mais essa jornada?

Liderança inspiradora como um farol

- Seja o modelo de comportamento que você espera dos outros. Mostre comprometimento, ética de trabalho e paixão pelo que faz.
- Mantenha uma comunicação positiva, clara e encorajadora com sua equipe e colegas. Ofereça feedback construtivo e celebre pequenas e grandes conquistas.

---

[48] DURANT, W. **The story of philosophy**: the lives and opinions of the world's greatest philosophers. Nova York: Pocket Books, 1991.

- Adaptação às mudanças deve ser a inovação constante e você deve estar aberto a novas ideias e tecnologias que podem melhorar processos e resultados de vendas.
- Invista em treinamento e desenvolvimento pessoal e de sua equipe, o aprendizado contínuo (Kaizen) mantém todos atualizados sobre as melhores práticas e tendências do setor.

Empatia e conexão

- Coloque-se no lugar do cliente para entender suas necessidades e preocupações. Personalize abordagens e soluções para criar conexões mais profundas.
- Foque em construir relacionamentos duradouros, em vez de apenas realizar vendas rápidas. A confiança e a lealdade do cliente são essenciais.

Motivação e engajamento

- Estabeleça metas claras e alcançáveis para você, colegas e equipe, se for o caso, incentivando-os a se desafiarem e crescerem junto com você.
- Reconheça e recompense o esforço e os resultados dos seus colegas e da sua equipe, em especial daqueles que o ajudam no dia a dia. Incentivos podem ser financeiros, pequenos presentes ou simplesmente o reconhecimento público.
- Utilize histórias inspiradoras, como comunicação, *cases* e estudos de sucesso, eles servem para inspirar e motivar a equipe e seus clientes.
- Mantenha a transparência em todas as interações, construindo um ambiente de confiança e credibilidade.

Mentalidade positiva sempre

- Ensine e pratique resiliência com seus colegas e equipe. Encoraje todos da equipe a ver os desafios como oportunidades de crescimento e aprendizado.
- Mantenha uma atitude positiva mesmo diante de obstáculos. A energia positiva é contagiante e pode transformar a cultura de uma equipe.

Desenvolvimento pessoal

- Incentive todos da equipe a buscar desenvolvimento pessoal e automotivação, tanto profissionalmente quanto em suas vidas pessoais.
- Promova um equilíbrio saudável entre a vida pessoal e profissional, garantindo que todos estejam motivados e revigorados mesmo nos períodos de maior carga de trabalho e estresse.
- Ao implementar essas estratégias, você pode se tornar uma fonte inesgotável de inspiração e motivação, criando um ambiente de vendas que não só alcança resultados excepcionais, mas também promove o crescimento e a satisfação pessoal e profissional de todos da equipe e da empresa.

Neste livro, convidei você, meu especial leitor, a se tornar o protagonista de uma história repleta de conquistas e realizações. Acredite, você pode ser um incrível protagonista no cenário competitivo dos negócios e também se destacar como um ícone, um líder inovador capaz de encantar os clientes e inspirar a todos ao seu redor.

O caminho para a transformação está à sua frente, nestas páginas. Prepare-se para descobrir um potencial adormecido ou até desconhecido e explorar sua criatividade nas vendas como você nunca imaginou. Mais do que uma simples teoria, este livro é um convite para agir, para aplicar o conhecimento de forma prática e eficaz, e navegar no oceano das oportunidades em vendas.

Navegando no oceano das vendas

No vasto e imponente oceano, cada gota d'água contribui para a imensidão e o poder dos mares, assim como cada pequena ação e decisão contribui para o sucesso no mundo das vendas. Navegar neste oceano requer não apenas habilidade e conhecimento, mas também a capacidade de explorar e aproveitar seus recursos ao máximo sem gerar destruição ou escassez.

A imensidão do oceano representa o vasto mercado de oportunidades nas vendas. Assim como o mar parece infinito, as oportunidades de vendas são ilimitadas para aqueles que sabem onde procurar e como se adaptar às mudanças das marés e das tempestades.

As ondas do mar são como os ciclos de vendas. Elas podem ser calmas e tranquilas, bem como podem se tornar tempestades poderosas e desafiadoras. Um vendedor de sucesso aprende a surfar essas ondas, aproveitando os momentos de calma para preparar-se e os momentos de turbulência para inovar e se destacar realizando conquistas memoráveis.

Os recifes e corais simbolizam os desafios e obstáculos que surgem pelo caminho. Embora possam parecer perigosos, eles também abrigam uma abundância de vida e oportunidades escondidas ou ocultas. Com a abordagem certa, um vendedor pode transformar desafios em oportunidades de crescimento e conhecimento.

A precisão na navegação em alto-mar é semelhante à estratégia de vendas eficaz. Um bom marinheiro usa mapas, bússolas e as estrelas para guiar o seu caminho. Da mesma forma, um profissional de vendas bem-sucedido utiliza dados, análises, conhecimento, *benchmarking*, experiência e insights do mercado para tomar decisões estratégicas para o futuro das suas vendas.

A diversidade de vida marinha reflete a diversidade de clientes e necessidades no mercado de vendas. Cada espécie, desde os pequenos peixes até os grandes mamíferos marinhos, tem seu papel e sua importância neste maravilhoso ecossistema. Da mesma forma, cada cliente, independentemente de seu tamanho ou valor de compra, é crucial para o sucesso no longo prazo da sua carreira e história.

A profundidade do oceano representa o conhecimento e a expertise necessários no mundo das vendas. Quanto mais fundo você vai, mais rico e complexo se torna. Investir em aprendizado contínuo e desenvolvimento pessoal é essencial para descobrir as riquezas escondidas e alcançar novos patamares de sucesso que estão onde muitos desistem de buscar.

Os portos são os locais seguros de ancoragem para as embarcações e são como as relações com os clientes, que devem ser construídas para serem duradouras e confiáveis. Eles oferecem segurança, manutenção, oportunidades de reabastecimento e crescimento. Cultivar e manter relacionamentos sólidos é vital para o sucesso sustentável e contínuo.

As correntes oceânicas são como as tendências de mercado, que, embora invisíveis ao olho nu, têm um impacto poderoso no movimento e na direção das vendas. Um vendedor perspicaz aprende a perceber, entender e antecipar essas correntes para se posicionar estrategicamente e quebrar recordes de vendas como um ícone no seu mercado de atuação.

Assim como um marinheiro ou capitão habilidoso respeita e aproveita a grandiosidade do mar, um profissional de vendas que almeja o sucesso reconhece e utiliza as vastas oportunidades com humildade e os recursos disponíveis no mundo das vendas. Com coragem, adaptabilidade e uma visão estratégica, você pode navegar com confiança e alcançar destinos extraordinários que muitos não alcançaram, em especial as hienas que riram de você.

Depoimentos emocionantes de leitores que já transformaram as suas histórias incluem palavras como:

"Fé em Deus, entusiasmo, paixão, esperança, profissionalismo, lealdade, gratidão, honestidade, autodisciplina, empreendedorismo, agilidade, originalidade, assertividade na comunicação, superação, autocontrole, criatividade, responsabilidade social, renascimento, experiência do cliente, realizar sonhos, ser um canal de bênção, dedicação, inovação, visão, determinação, embaixadores do seu serviço, servir sempre, ser o melhor no que faz, sair da zona de conforto, atitude, inspiração, compromisso, proatividade, empatia, modelar os melhores, reencontro, conquistar, prazer, brilho nos olhos, garra de vencer, evolução, sinergia, empoderamento, adaptabilidade, autenticidade, trabalho em equipe, confiança e realização."

Eles encontraram em si mesmos a força para se tornarem protagonistas em seus negócios e vendas, e tais palavras ecoam como lembretes constantes de que a sua história também pode ser marcada por essas atitudes de poder.

Não se trata apenas de alcançar o sucesso e a prosperidade, mas de abraçar o propósito de encantar, de fazer a diferença na vida de seus clientes e de todos ao seu redor. A partir de agora, você está munido de ferramentas poderosas, estratégias eficientes e uma motivação incansável para se destacar em tudo que você colocar as suas mãos e onde colocar a planta dos seus pés! Uma passagem em Deuteronômio 11:24, além de poderosíssima, tem tudo a ver com isso:

"Todo lugar que pisar a planta dos vossos pés será vosso."

Fique com essa palavra e tome posse do que é seu! O seu sucesso!

No próximo capítulo, veremos a importância de celebrar cada conquista na sua caminhada. Valorize esse momento de magia e inspiração.

Principais aprendizados deste capítulo

> Vimos cinco estratégias adicionais para realizar seus sonhos e os de seus clientes por meio das vendas. São eles:
>
> - Liderança inspiradora como um farol.
>
> - Empatia e conexão.
>
> - Motivação e engajamento.
>
> - Mentalidade positiva sempre.
>
> - Desenvolvimento pessoal.

CAPÍTULO 18
CELEBRE SUAS CONQUISTAS

Reconhecendo seu progresso e abraçando o sucesso

> **"Grandes coisas fez o Senhor por nós, pelas quais estamos alegres."**
>
> – Salmos 126:3

Estou orgulhoso de você ter chegado até aqui, isso demonstra a sua atitude e persistência. Você já é um vencedor, uma vencedora!

Celebrar pequenas e grandes conquistas é essencial para profissionais de vendas, pois, segundo a neurociência, o celebrar é poderoso para liberar dopamina, substância química neurotransmissora que está associada ao prazer e à recompensa, que motivam a repetição de comportamentos bem-sucedidos. Além de aliviar o estresse e aumentar a autoconfiança, as celebrações fortalecem as conexões neurais ligadas a estratégias eficazes, promovem um ambiente de trabalho positivo, aumentam a satisfação e a lealdade, e incentivam a inovação. Em resumo, celebrar vitórias é vital para a motivação, o bem-estar e o desempenho contínuo em vendas.

Bem, as ferramentas e os aprendizados já estão em suas mãos, e você agora está pronto para criar experiências únicas e memoráveis para os seus clientes. Chegar até aqui não é apenas um feito, é uma demonstração poderosa de sua atitude e persistência. Ao virar cada página, você se comprometeu a transformar sua abordagem e seu mindset, a fim de alcançar o sucesso no mundo das vendas e ir muito além.

Quero que saiba que estou imensamente orgulhoso de você. Como um irmão mais velho que protege, cuida e orienta, sinto uma profunda alegria em ver seu progresso. Sua dedicação em absorver cada ensinamento e aplicar cada estratégia mostra que você já é um verdadeiro vencedor, uma verdadeira vencedora.

Você enfrentou desafios, superou obstáculos e continuou avançando com determinação. Esta jornada não foi fácil, mas você persistiu. Esse é o verdadeiro espírito dos campeões – a capacidade de continuar, mesmo quando as coisas ficam difíceis. E você fez exatamente isso.

Minha esperança para você é que leve consigo todo o conhecimento, as técnicas de vendas, as estratégias e a inspiração que encontrou neste livro. Mas, mais importante ainda, que continue acreditando em si mesmo, em seu potencial ilimitado e nas oportunidades que o aguardam sob as bênçãos de Deus.

Lembre-se, o mundo das vendas de sucesso é vasto e cheio de possibilidades, e você tem tudo de que precisa para conquistar cada uma delas. Celebre cada pequena vitória, cada progresso e cada realização. Eles são os degraus que o levarão a patamares ainda mais altos.

Como seu guia e amigo nesta jornada, quero que saiba que estou aqui torcendo por você, sempre. Sinto-me honrado por ter tido a oportunidade de compartilhar esta jornada com você e mal posso esperar para ver todas as conquistas incríveis que ainda estão por vir em sua vida.

Ah! E quero receber notícias da sua evolução, e não somente nas suas vendas, mas na sua vida pessoal e na sua saúde. Compartilhe comigo por meio do Instagram @bengeder. Será uma honra para mim responder a você.

Continue brilhando, continue inspirando e nunca se esqueça: você é capaz de alcançar o extraordinário. Parabéns por ter chegado até aqui. Seu futuro é brilhante, e eu acredito plenamente em você.

Com todo o meu respeito e admiração, desejo ótimas vendas!

Ben-Geder Trindade

Jornada 9: Celebrando suas conquistas

Você chegou ao momento de celebrar! Nesta última jornada, reflita sobre suas vitórias e veja como cada conquista pode abrir portas para novos horizontes. Jogue e celebre o que você alcançou!

https://qrco.de/bengeder18

Apesar de todos os obstáculos que surgem no caminho, no coração de cada vendedor há uma chama que arde com o desejo de superar desafios, de ser reconhecido e de alcançar o sucesso.
Seja intencionalmente desigual, encante os clientes e crie experiências únicas para vender muito!

A experiência encantadora de vendas
@bengeder

Este livro foi impresso em papel
pólen bold 70g/m² pela gráfica
Santa Marta em abril de 2025.